圖解 有趣到睡不著

臨床心理學

公認心理師
公益社團法人發展協會　常務理事
湯汲英史 監修
Yukumi Eishi

晨星出版

前言

本書所介紹的，是與大腦功能或心理相關的各種問題，在內文中將會提到，我們的心理可能會發生各式各樣的疾病，但是由於社會不斷地變遷，對於疾病的定義將來也有可能發生改變，所以在本書中，僅是針對目前認定的主要心理疾病說明我們該如何去理解及應對，期許大家能對疾病有更深刻的理解，並讓患者能儘量減輕感受到的痛苦。

只要到了臨床現場，大多會跟認識到的病患建立起長時間的關係，當年遇到的孩童，如今也都已經三、四十歲了。在這些人當中，有多數目前依舊還患有心理疾患。他們或許無法用言語充分表達自己的思想，但我們不能受限於表象，其實在他們的人生經驗裡，也累積了許多的知識與智慧。

人類，從出生到死亡的漫長時間中，在心理層面上出現問題或罹患疾病的情況絕非少見。相信大家在自己本身、家人、朋友或認識的人身上都曾見過。這本書雖然是針對臨床心理學加以解說，但所接觸到的範圍其實只是極小一部分而已。若是想要了解得更廣泛、更深入，建議可以再去學習相關的知識。因為理解了人心，也就能更深入地理解人生這回事。

理解人類，我想這就是我們心理師的任務。

公認心理師暨語言聽力治療師　湯汲英史

第1章 臨床心理學與公認心理師

第2章 兒童容易出現的心理問題……43

第3章 成年人容易出現的心理問題……89

第 1 章

臨床心理學與公認心理師

第1章

以全年齡的心理及行為問題為目標
目的在於保護人心的「臨床心理學」

守護心理健康的學問

近年來，罹患心理相關疾病的人有增多的趨勢，包括在兒童成長途中經常被發現的神經發展症候群、成年人因為壓力等原因而發病的思覺失調症或憂鬱症、以及高齡者的阿茲海默症等。根據日本厚生勞動省在二〇一七年的調查，患有某種心理相關疾病的人約有四百二十萬人，換算下來表示每三十個日本人就有一個人罹患疾病。

而針對這些心理疾病探究其原因，並協助病人恢復心理健康的專門知識或技術而形成的學術及相關研究，就是「臨床心理學」。臨床心理學的目的，在於研究出有效的方法，以從出生到死亡的全年齡人類之一切心理疾病及其衍生之行為問題為對象，協助其預防心理疾病，恢復心理健康，並對相關者提供指導及援助。

雖然心理學在歷史上直到十九世紀才開始邁入萌芽期，但其實在一八九六年美國的萊特那・維特莫就已開始使用「臨床心理學」這個詞彙，由於同時期也誕生了佛洛伊德的精神分析學派，於是開始獨立出這個專門的學術領域。之後，綜合了各式各樣的心理療法學派，並在第二次世界大戰後的美國逐漸架構出目前臨床心理學的大致輪廓。

對不同人生階段提供的心理與行為問題支援

人生階段	相關的心理支援
胎兒期、嬰兒期（生產前～一歲半左右）	○提供監護權改定及轉移之相關協助 ○生產後之養育者心理支援 ○周產期支援　及其他
幼兒期前期（一歲半～三歲左右）	○依戀障礙之照顧 ○發展支援 ○嬰幼兒健診　及其他
幼兒期後期（三歲～六歲左右）	○就學諮商　○幼兒疾患支援 ○受虐兒關懷 ○不肯上學之輔導　及其他
兒童期（六歲～十二歲左右）	○生涯教育　○霸凌之應對 ○拒絕上學之應對、適應輔導 ○兒童保健　及其他
思春期、青年期（十二歲～二十二歲左右）	○不良行為、少年諮商 ○性向輔導　○自殘行為之應對 ○學校適應輔導 ○親子關係支援　及其他
成人期（二十二歲～四十歲左右）	○成癮性之改善支援 ○家庭暴力、虐待問題支援 ○被害者、加害者支援 ○家長溝通　○育兒支援 ○繭居族支援　○生涯支援　及其他
壯年期（四十歲～六十五歲左右）	○照護者支援　○慢性疾病患者支援 ○精神疾病患者支援 ○回歸社會、復職支援 ○壓力檢測　○騷擾防治 ○自殺防範措施 ○受災者支援　及其他
老年期（六十五歲以上）	○認知障礙支援 ○安寧照顧　及其他
臨終期	○臨終關懷 ○遺族關懷　及其他

出處：改編自一般社團法人日本公認心理師協會《公認心理師活動現況調查》部分內容

作為診斷標準的《DSM-5》

由於心理疾病牽涉到家庭環境、性格、人際關係、遺傳等各式各樣複雜的因素，因此不論是症狀還是嚴重程度，每個人可能都表現得都不一樣。這與身體方面的疾病有很大的不同，有許多含糊不清的部分，因此，在診斷標準及分類上會隨著時代不停演變。

目前所使用的診斷標準，為美國精神醫學學會（APA）所制定的《精神疾病診斷與統計手冊第五版（DSM-5）》。本手冊彙整了精神醫學的病名、診斷標準及診斷分類，第一版於一九五二年出版，之後不斷地進行修訂，而二〇一三年出版的《DSM-5》則是最新版。

另外，在世界衛生組織（WHO）所制定的《國際疾病分類（ICD）》中，精神醫學方面基本上也與《DSM》連動，因此，本書中所提到的疾病名稱，都會以《DSM-5》為標準。

在第2章也會進行詳細解說，《DSM-5》中的疾病名稱已歷經多次變更，例如大家耳熟能詳的「亞斯伯格症候群」或「自閉症」已不再是正式的病名，目前疾病名稱已整合成「自閉症類群障礙症（Autism Spectrum Disorders, ASD）」。

《DSM》是基於當下的主流思想而制定的，所以會隨著時代而改變，這也表示從第四版「4」到第五版「5」的修訂，其實也未必有進步的意思在內。

還有一點就是《DSM-5》有出版日語的版本（註：臺灣中文版由合記圖書出版社發行），在網路上也可以確認其內容，不過這畢竟是提供給專家使用，並不適合由非專業人士自行參照診斷標準自行診斷。

什麼是《DSM-5（精神疾病診斷與統計手冊）》

由美國精神醫學學會（APA）制定之世界性的精神疾病之診斷標準與診斷分類

《DSM》的正式名稱為《精神疾病診斷與統計手冊（The Diagnostic and Statistical Manual of Mental Disorders）》，取其第一個字母簡稱為《DSM》。其中彙整了精神疾病的診斷標準與診斷分類，基本上這本手冊目前已成為世界性的診斷標準，日本也參照辦理。

ICD

（國際疾病與相關健康問題統計分類，簡稱國際疾病分類）

由世界衛生組織制定的國際性疾病診斷標準，其中有關精神疾病的部分與DSM連動。

DSM-5之診斷分類範例

1　神經發展障礙症 ……………… 大分類

- 智能不足
- 溝通障礙症
- 自閉症類群障礙症
- 注意力不足及過動症
- 學習障礙症／特定學習障礙
- 動作障礙症
- 其他神經發展障礙症

……………… 中分類

在《DSM-5》中精神疾病被分為22個大分類，往下再設有中分類及小分類，並針對各分類解說其症狀及診斷標準。

在DSM的修訂中也會變更疾病名稱

舊病名		新病名
自閉症	→	自閉症類群障礙症

必須注意的重點

○ DSM-5是提供給專家使用的手冊，請不要自行診斷。
○ DSM-5中所列之內容並非診斷標準的一切。

第1章

心理學的相關知識與技術為基礎

運用一切心理學來解決心理問題

所有心理學的知識都是必要的

臨床心理學中的「臨床」，指的是「實際與患者接觸，並進行診斷或治療」，而「心理學」則是指「以科學手法研究人類心理活動與行為機制的學問」。換句話說，所謂臨床心理學，就是使用心理學的知識，對具有心理問題或行為問題的患者進行診斷及治療的學問。此外，心理學分為以全面的人類心理為對象的「理論心理學」，以及以個人心理為對象的「應用心理學」，臨床心理學即屬於後者的範疇。

由於臨床心理學要面對所有的心理問題，因此從以個人為焦點的心理學如「知覺與認知心理學」「學習與語言心理學」「感情與人格心理學」，到以家庭、學校、企業等集體心理為焦點的心理學如「社會、集體、家庭心理學」「教育與學校心理學」「工業與組織心理學」等都要了解。

此外，為了解決心理問題，也必須學會如何傾聽與提供支持之技能、精神疾病的相關知識、人體的構造與功能、疾病相關知識等學問，才能對解決心理問題有所幫助。

總而言之，臨床心理學是以各式各樣的心理學為基礎而形成的學問，因此，在某種層面上也可以說是以個人為對象的應用心理學集大成之所在。

作為臨床心理學基礎之心理學

臨床

實際與患者接觸進行診斷及治療

以心理學之知識與技能解決個人適應問題的就是臨床心理學

以各種心理學為基礎，運用諮商、輔導或建議等技能實際與患者接觸，以期能解決個人的心理問題，為臨床心理學的目的之一。這些被稱為「臨床心理師」及「公認心理師」（詳見第14頁）的專業人士們，正活躍於醫院及各種場所。

＋

心理學

針對心理活動與行為機制進行科學研究的學問

臨床心理學之基礎

○理論心理學
○知覺、認知心理學
○學習、語言心理學
○感情、人格心理學
○神經、生理心理學
○社會、集體、家庭心理學
○發展心理學
○障礙者（兒）心理學
○健康、醫療心理學
○社會福利心理學
○教育、學校心理學
○司法、犯罪心理學
○工業、組織心理學
○心理評估
○心理支援

人體的構造與功能、疾病、精神疾患等知識也是臨床心理學必備的一環

臨床心理學的基礎涉及各個層面的心理學，此外，由於身體方面的疾病也可能造成心理問題，所以也必須學習人體或疾病的相關知識。

第1章

為了守護國民心理健康而誕生的職業

日本第一個擁有國家認證資格的心理相關職業「公認心理師」

臨床心理士與公認心理師的差別在哪？

在日本，主修過臨床心理學並經過官方認證的心理專業人員，稱為「臨床心理士」或「公認心理師」。這兩者的不同，在於前者是日本在一九八八年開始的民間認證資格，後者則是日本在二〇一七年新設的心理相關職業，必須取得國家證照。以名稱來說，由於臨床心理士這個名稱的歷史較為悠久，所以大家比較熟悉，而公認心理師中有八成的人員也具有臨床心理士的資格，由於未來可能需要取得國家證照的公認心理師才有資格從事臨床心理學專業的心理相關職業，因此，本書將公認心理師稱為臨床心理學的專家。

依據日本《公認心理師法》之相關規定，必須畢業於能夠修完必要科目之教育機關者才有資格參加「公認心理師試驗」，並且必須在試驗合格後申請登記才能取得公認心理師資格。

此外，在同法第四十四條中也有「名稱獨占資格」之規定，意即未持有公認心理師資格者，「不得使用公認心理師之名稱」且「名稱中不得使用心理師之字樣」，違反者將處以罰鍰。（註：在台灣，非領有臨床心理師或諮商心理師證書者，不得使用臨床心理師或諮商心理師之名稱。）

如何成為日本公認心理師？

途徑A

在大學※、專門學校修完必要科目

▼

在研究所修完必要科目

▼

途徑B

在大學（※）、專門學校修完必要科目

▼

在特定機構從事兩年以上之實務

▼

途徑C

具有等同A、B條件或以上之知識、技能者

▼

公認心理師試驗合格

▼

申請公認心理師登記

▼

取得公認心理師資格

想要參加公認心理師試驗者，必須在大學或專門學校內修習完所有必要科目後，於研究所修完必要科目或是在特定機構有兩年以上的實務經驗。此外，也訂有過渡措施，讓擁有等同上述條件或以上之知識或技能者，亦能依規定取得資格。

出處：日本厚生勞動省之《公認心理師法概要》及《受試資格取得方法》
※短期大學除外

日本公認心理師與臨床心理士之差別

	公認心理師	臨床心理士
資格	國家認證	民間認證
受試資格	大學畢業+研究所畢業 大學必要+兩年以上實務 （詳如上表）	大學畢業+研究所畢業
更新制度	無	有（每5年）
有資格者人數	35529人 （2020年12月底時）	39576人 （2022年4月1日時）

出處：《公認心理師活動狀況之相關調查》一般社團法人日本公認心理師協會
《什麼是臨床心理士》日本臨床心理士資格認證協會網站

日本公認心理師之合格率

公認心理師試驗之合格率在2018年第一次舉辦時為79.6%，第一次追加辦理為64.5%，第二次舉辦為46.4%，第三次為53.4%，第四次為58.6%，第五次為48.3%，雖然合格率有所變化，但與其他國家資格考試相比，要學習的專業科目非常多，而且也要花更多的時間，因此可以說是很難取得的資格之一。

第1章

為維持及增進國民的心理健康而努力的心理相關職業

「公認心理師」是臨床心理學的專家

目標是成為心理相關職業的理想型態

在日本《公認心理師法》裡有明定公認心理師應有的義務，其中一項是「應致力於提升面對心理疾病患者時所需之相關知識與技能」。這種必須習得科學與實務兩方面知識技能的方針，稱為「科學家－實務者模式」，是目前世界通用的標準。

公認心理師在科學家的層面裡，必須以科學的研究方法及統計資料的評估方法來驗證實務的結果。而在實務者的層面中，則是必須以學習到的心理學理論為基礎，在協助心理疾病患者的實務經驗中不斷累積及磨練技能。此時應用驗證過的實務結果就十分重要了，在歷經如此的反覆訓練後，方能成為在實務工作上更加優秀的理想公認心理師。

此外，近年來「生物－心理－社會模式」的觀念也十分受到重視，此模式認為心理疾病是由多個因素所引起，這些因素可分類成「生物因素」「心理因素」及「社會因素」。心理師再透過這三個層面，來判斷患者的狀態，探討治療或支援的方式並加以實踐，也因此公認心理師必須了解十分廣泛的知識。

公認心理師必須實務與研究並重

實務 在預防、解決或改善心理問題方面提供支援的實務工作

以習得的心理學知識為基礎，對於抱持有心理問題的人提供援助、支援及預防，並在此類活動中不斷磨練與累積必要的技能，此即為公認心理師必須進行的實務工作。

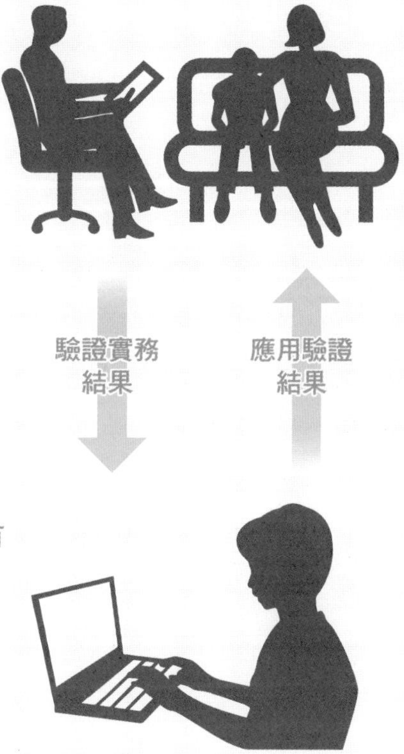

科學家－實務者模式

研究 為了證實並保證實務工作的有效性所需的理論與研究

透過協助患有心理問題的人，將所得到的事實以客觀角度分析，驗證實務工作的有效性，並與以科學根據為基礎的心理學理論相結合，此即為公認心理師必須進行的研究工作。

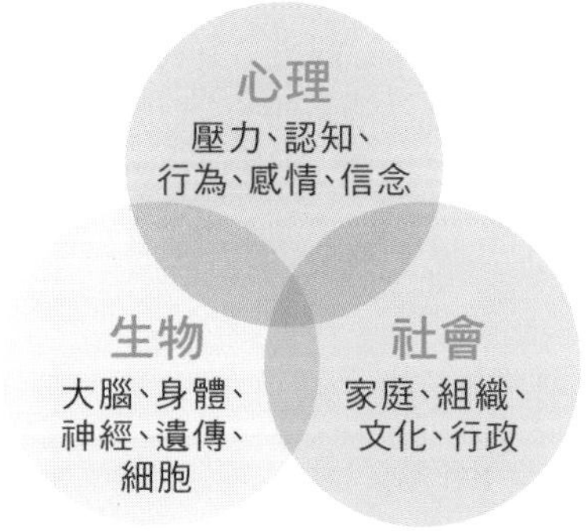

生物－心理－社會模式

與精神疾患相關的三個因素

由精神科醫師George L. Engel於1977年所提出的觀念，認為要從生物層面、心理層面及社會層面這三個因素來了解人類身體或心理方面的問題來自於哪裡，並採取適當的治療或支援方式來進行實務工作。

第1章

心理衡鑑、心理諮商、心理諮詢、心理健康教育

公認心理師的四項業務

不是患者而是案主

依據日本《公認心理師法》的第二條規定，公認心理師有四項主要業務，簡略來說，分別是「觀察心理支援需求者之心理狀態並分析其結果」「回應心理支援需求者之諮商，並提供建言、輔導及其他援助」「回應心理支援需求者之相關人員之諮詢，並提供建言、輔導及其他援助」「為推廣心理健康相關知識進行相關教育及提供資訊」。

所謂「心理支援需求者」，是指需要心理相關支援的人，也就是有心理疾病的人，這些人在心理學專家口中稱為「案主（Client）」。之所以不稱患者而稱為案主的理由，是因為案主有「主動接受支援」的意思在內，這是基於尊重案主的自主性，希望能透過與案主同理或共情，一起進步並解決心理問題。

再說回公認心理師的四項業務。第一個業務，觀察心理支援需求者之心理狀態並分析其結果，稱為「心理衡鑑」。公認心理師透過與案主面談與觀察，並進行發展檢查、智能檢查等心理學檢查，以多角度的觀點掌握案主的人格、當下的狀態、可能的因素等資訊，並對蒐集到的資訊進行分析，再將分析結果用來理解案主目前所抱持的問題。心理衡鑑的結果是心理治療的基礎，並可用來

日本公認心理師法規定的公認心理師業務

所謂「公認心理師」，是指於第28條（公認心理師登錄名冊）登記在案，使用公認心理師之名稱，於保健醫療、社會福利、教育及其他領域，擁有心理學相關專門知識及技術，從事下列行為之人。

①觀察心理支援需求者之心理狀態，並對其結果進行分析。（心理衡鑑）

②對於心理支援需求者回應其有關心理方面之諮商，並給予建議、輔導及其他援助。（心理諮商）

③對於心理支援需求者之相關人員，接受諮詢並提供建議、輔導及其他援助。（心理諮詢）

④為推廣心理健康相關知識，執行教學或提供相關資訊。（心理健康教育）

出處：部分改編自日本《公認心理師法》第2條。

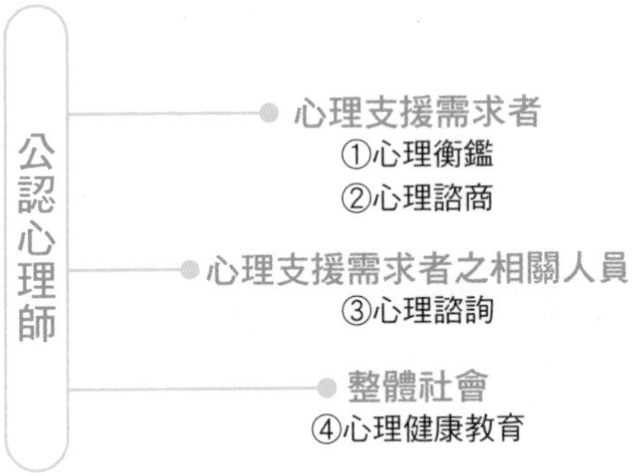

守護國民心理健康的公認心理師

擁有國家認證資格從事心理相關職業的公認心理師，不僅會針對案主進行心理衡鑑或心理諮商，對案主之相關人員、所屬組織或地區，也會提供心理方面的支援與建議，以期能廣泛地守護國民的心理健康。

只有取得資格的人才可使用「公認心理師」或「心理師」名稱的「名稱獨占資格」

日本的法令規定，「公認心理師」或「心理師」的名稱只有取得公認心理師資格的人才可以使用，此即為「名稱獨占資格」。不過，在「心理士」方面，則另有臨床心理士的資格可以取得，並且可以用於公認心理師以外的心理相關職業上。

決定後續的介入方針。

第二項業務，回應案主的諮商，並提供建言、輔導及其他援助，稱為「心理諮商（Counseling）」。公認心理師在確實傾聽案主感到在意、痛苦或困惑的事情並進行談話後，必要時進行適當的心理治療或各種不同的心理介入措施。

當事人以外的人也需要心理關懷

第三項業務，是回應案主之關係人的諮詢，並提供建言、輔導及其他協助，稱為「心理諮詢（Consultation）」。心理諮詢與心理諮商的不同，在於對象並非案主本人而是案主身邊的相關人員。這些人員可能不知道如何與案主相處或是在相處上有感到困擾的地方，心理師在傾聽這些問題並進行談話後，視情況給予建言或輔導。舉例來說，對於案主的家人、學校或公司同事等相關人員，提供建言讓這些人知曉如何去接觸或應對案主。

最後的第四個業務，是為了能推廣心理健康相關的知識，而實施教育及提供相關資訊，也就是「心理健康教育」。例如在學校或職場等場所舉辦心理健康相關的講座。

從根本上來看，在日本《公認心理師法》的第一條就已有規定，「訂定公認心理師之資格，使其正確執行業務，達到維護並增進國民心理健康之目的」，因此公認心理師的任務，就是以日本全體社會為對象，進行維持心理健康的各項活動。

公認心理師執行的四項業務

①心理衡鑑

觀察及分析心理支援需求者的心理狀態

心理衡鑑的目的，是蒐集案主相關的必要資訊，並設計出具體的心理援助方法。蒐集資訊的方式包括觀察法、面談法、心理檢查、調查法等，需要公認心理師的專業知識與技能方能進行。

②心理諮商

提供心理支援需求者在心理方面的諮商、建議及輔導

心理諮商是由公認心理師傾聽案主的煩惱或痛苦，協助案主整理出自己的心情或想法，並根據不同狀況以心理學專家的角度進行心理治療，提供建議或援助。

③心理諮詢

對心理支援需求者之相關人員提供諮詢、建議及輔導

心理諮詢是針對與案主有關係的人或周遭的人們進行心理方面的面談。當與案主有關的人士因為案主的行為而感到困惑或煩惱時，傾聽這些人的問題，給予適當的建議與援助，協助對方解決問題。

④心理健康教育

對整體社會進行心理健康相關教育及提供資訊

心理健康教育就是利用在企業、學校等組織或地方自治團體舉辦心理健康相關講座等方式，向國民施行心理健康教育與提供相關資訊。這項業務，也是訂定公認心理師資格的理由之一。

第1章

治療心理疾病的另一個專門職業

與精神科醫師的不同之處在哪裡？

最大的差異在於診斷與藥物治療

說到心理疾病的專家，很多人會想到精神科醫師。那麼，大家知道公認心理師與精神科醫師的差別在哪裡嗎？

精神科醫師是通過國家考試取得「醫師執照」的醫師，擁有「精神醫學」的專業知識，能夠執行心理疾病患者之診察、疾病名稱診斷、藥物治療及開立處方箋等「醫療行為」。

另一方面，公認心理師則如前所述，透過以臨床心理學為基礎的「心理治療」，對心理疾病患者進行心理衡鑑或心理諮商，主要任務在於協助患者恢復心理健康，並不能透過診斷來決定病名或進行藥物治療。這就是與精神科醫師在根本上的不同。

此外，處理心理問題的診療科室是「精神科」與「身心科」這兩科，兩者皆是心理疾病專科，但精神科的對象主要是憂鬱症、思覺失調症等心理疾病，而身心科則主要針對因為壓力或心理層面的影響，導致患者出現頭痛、腹痛等各種身體症狀的「身心症」。

因此，當心理症狀比較嚴重時該看的是「精神科」，而如果是身體症狀比較嚴重的話，則應該看「身心科」。

精神科醫師與公認心理師之差異

精神科醫師以「醫學」為基礎 公認心理師以「心理學」為基礎

精神科醫師在修習過基於科學根據的精神醫學後，通過國家考試取得醫師執照。而公認心理師則是修習過各式各樣的心理學之後，通過公認心理師考試，登記於名冊之上。

	精神科醫師	公認心理師
擁有資格	醫師執照	公認心理師（※）
專業項目	精神醫學	心理學
治療	醫療行為	心理治療
能執行的工作	診察 診斷 藥物治療 處方	心理衡鑑 心理諮商

※必須登記於「公認心理師登記名冊」上

病名診斷或藥物治療 只有精神科醫師能夠執行

相對於心理疾病，能進行病名診斷或藥物治療等醫療行為的只有領有醫師執照的精神科醫師。公認心理師不能診斷病名及進行藥物治療。

精神科與身心科的差異

精神科

主要的治療對象為「精神疾患」

精神科主要的診療對象為思覺失調症、憂鬱症、雙極性情緒障礙、兒童發展障礙或高齡者的認知障礙等精神疾病或問題。

身心科

主要的治療對象為「身心症」

身心科的主要診療對象為因為壓力或心理因素而導致頭痛、腹痛、噁心、呼吸困難等身體出現不適的「身心症」。

第1章

在各種場合裡負責照顧心理健康

公認心理師不只在醫院，在學校及企業也能發揮功能

期待能夠發揮作用的五個領域

公認心理師的主要活動領域在於「醫療保健」「教育」「產業勞動」「司法犯罪」「社會福利」這五個領域，所以不只是在醫療現場，在各個不同的領域也需要公認心理師來發揮功能。

在醫療保健的領域裡，公認心理師會在醫院、診所、精神科或身心科等場所，對案主進行心理衡鑑、心理學檢查、心理諮商等心理治療。此外，在癌症患者的心理照護、精神照護機構或復健機構等場所的日間照護及夜間照護、職員的心理諮詢、保健中心的嬰幼兒健康檢查、發展諮詢等項目，公認心理師也會參與其中。

在教育的領域裡，公認心理師做為校園諮商師，在面對小學生、中學生、高中生、大學生所提出的各種諮商時提供建議等心理方面的援助。並且在學校的活動中對學生家長、教職員進行心理諮商或諮詢，或是在校園裡舉辦教育課程或講座。

在產業勞動的領域裡，公認心理師能在企業內的諮商室或健康管理中心擔任諮商師，對於職員在壓力或人際關係等各方面的諮商提供協助，並且還能夠進行職場相關的諮詢、研修或講習會等心理教育。而在就業服務中心或身心障礙者就業服務中心等機構，則能針對就業、對職場的不安、擔心無法

公認心理師活動的領域

公認心理師不只在醫療或社福領域，在企業、教育或司法等領域也能發揮功能

在日本《公認心理師法》第二條訂有公認心理師可在「保健醫療、社會福利、教育及其他領域」活動之內容。意即公認心理師在以上五個領域等廣泛的領域內，基於心理學能夠向具有心理問題的人提供心理支援。

適應職業等情況提供心理上的援助。

在司法犯罪領域裡，也有任用公認心理師做為家庭裁判所（註：相當於我國之少年及家事法院）之調查官、法務教官、法務技官的案例，對於非行少年、非行少女施行教育或心理關懷，針對犯罪者再犯的防止或矯正進行心理諮商，以及犯罪受害者的心理關懷等。除此之外，在警察的少年課或少年諮商窗口等單位，也有由公認心理師負責關懷兒童心理健康的情況。

在社會福利領域方面，則可以在幼童或兒童諮商所（註：日本公家設立的兒童福利機構），對受到霸凌或因人際關係而感到煩惱的兒童、學生進行諮商，也接受家長因為子女的養育、發展、非行問題而感到煩惱時的諮商，並提供心理方面的援助。

除此之外，在身心障礙者支援中心、老人福利設施等處所，對於有著各種煩惱或痛苦的人們，也能夠從心理方面提供援助。

與多種職業互相合作，實現更完善的心理照護

公認心理師為了能在這五個領域順利執行業務，必須與非心理相關職業的人互相合作。雖然也有公認心理師獨自進行心理支援的情況，但基本上還是會通過與其他職業的人共同攜手合作來處理案主的問題。這在日本《公認心理師法》第四十二條的規定中屬於應執行的義務，由於案主身上的問題通常是因為各種因素交織在一起所導致的，所以需要各個領域的專門知識，此即稱為「多職種合作」。

舉例來說，在醫療現場的話，公認心理師必須與醫師、護理師、社會工作師、心理衛生社工等人共同合作來進行患者的治療。透過這種方式，才能結合及彼此互補各個不同專業領域的知識與技能，來提供更完善的醫療。

公認心理師與多職種合作

與醫師、護理師、教師、社會工作師等其他職種與團隊共同活動

日本《公認心理師法》第四十二條規定，公認心理師有義務與其他職業之人員共同合作執行業務。這種多職種合作之方式，讓公認心理師在醫療現場可作為醫療團隊之一員，在教育現場則是教育團隊之一員共同活動。

第1章

由專家進行診斷及治療才是恢復健康的捷徑

心理疾病之判斷絕對不可由非專業人士進行！

即使是專家都難以診斷的心理疾病

每個人都有大大小小不同的煩惱及壓力，或許會因為這些事情而心情變得非常低落，或是變得煩躁易怒，但如果因為這些情況就要判斷成患有心理疾病，那就過於輕率了。

這是因為即使是專家，也很難診斷心理疾病。舉例來說，如果是身體方面的疾病，可以透過具有科學根據的診察或檢查方式來確定疾病，並透過藥物治療或手術來進行適當的治療。

可是換做是心理方面的疾病時，要透過這種具有科學根據的診察或檢查就變得十分困難，只能根據患者主訴的症狀或心理評估等方式獲得的資訊以及心理測驗的結果，再以經驗或統計為基礎才能進行診斷。而且心理疾病即使出現相同的症狀，病因也各有不同。例如出現「情緒低落」的症狀時，憂鬱症、雙極性情緒障礙、思覺失調症等多種疾病都是可能的病因。再加上心理疾病會重複發生，隨著時間經過也可能會發生變化，症狀及程度的輕重也有很大的個體差異，即使是專家，為了能夠正確診斷也需要花費一定的時間，而且所下的診斷是否正確也很難判斷。因此，外行人想要自行判斷，根本是不可能辦到的事。

心理疾病難以診斷的理由

身體的疾病是以「科學根據」為基礎來進行診斷

身體的疾病，是以具有科學根據的醫學為基礎，從問診、觸診、血液檢查、X光檢查、CT檢查等結果累積多項客觀的事實後，診斷出患者罹患了何種疾病，因此通常可以做出正確的診斷。

心理疾病是以「症狀」為基礎來進行診斷

心理疾病則是透過案主自己主訴的症狀、問診或面談、心理測驗等方式累積多方資訊後，診斷出病名。由於症狀的感受方式及表現方法會有個體差異，在某種程度上必須依賴統計資料或經驗才能下判斷，因此在診斷上並不容易。

非專業人士請勿自行判斷，而是應該找專家諮詢！

近年來由於在網路上可以輕易查到各種資訊，與心理疾病相關的資訊也十分氾濫，於是可以看到有些人在搜索了自己的症狀之後，隨意地自行判斷了自己的病況。

網路上有某些網站會提供自我檢測的方式，讓人可以簡單地確認自己是否有心理上的問題。然而，這些自我檢測量表只能讓人檢查自己是否符合代表性的症狀，雖然可以做為大致上的評估，但並不能用來確定病名。

舉例來說，不管是誰，都可能會因為疲勞、壓力或人際關係上的煩惱而出現一點情緒低落的情況。這個時候如果去做「憂鬱症」的自我檢測量表，就會因為符合了許多項目，而隨便地得出了「自己得了憂鬱症……」這種錯誤的自行診斷，結果反而因為這個錯誤的判斷而導致自己更加不安，或是深信自己「都生病了也只能這樣了」。

相反地，即使不符合自我檢測量表裡的項目也有可能其實已患有心理疾病，結果因為自行判斷而錯失了接受適當治療的時機，並可能因為對疾病置之不理而讓症狀更為嚴重。

此外，有些人還會在社群媒體上因為一些言行而隨意地說出「你這個樣子就是精神分裂（思覺失調症）」。前面說過很多次，外行人不可能正確地診斷出病名，所以這單純只是自以為是地妄下判斷而已，問題是聽到的人做何感想呢？這些人很可能因此擔心自己是不是真的得了「思覺失調症」而焦慮苦惱，可以說是非常不負責任的惡質行為。

如果真的覺得「自己這樣是不是有心理上的疾病？」時，請諮詢公認心理師或是精神科、身心科的醫師，由專家來進行判斷。

由非專業人士判斷心理疾病的危險

即使症狀相同
也可能有很多病因

能從症狀來診斷病名的只有精神科醫師

心理疾病雖然是透過症狀來診斷，但有很多疾病都會引起同樣的症狀，再加上症狀會出現變化，也常常會有與其他症狀合併出現的情況，因此要確診病名是十分困難的作業。

症狀變化病名也會變化

症狀合併會讓診斷更為困難

自我檢測量表可以做為「推測」但不能做為「診斷」

- 誤解而造成的不安
- 對病名深信不已
- 延遲治療
- 容易逃避現實

網路上的「心理疾病自我檢測量表」雖然可做為大致上的評估，但並不能診斷出病名。由於可能會誘發出焦慮或深信不已的情況，所以如果覺得有不對勁的地方時，最該做的就是找專家諮詢。

第1章

「因為是心理問題……」就放棄是錯誤觀念

不論是哪一種心理疾病都有恢復的可能性！

遺憾的是，許多人對於心理疾病都有著很根深蒂固的偏見，所以對於去精神科或身心科就醫會有很大的抗拒。

如果就醫了之後得到的是罹患精神疾患的診斷結果，一旦公開診斷病名，有可能難以得到學校或公司方面的理解，或暴露在周遭之人帶有偏見的目光之下。

然而，如果可以明確知道自己的疾病，就可以接受適當的治療，或是改善生活習慣或環境。此外，明確診斷出病名，也有助於申請政府補助或職場上的協助。因此，一旦感覺到自己在心理方面有不舒服的地方，最好向公認心理師等心理專業人員

如果感覺到不對勁的話請儘早就醫！

根據日本厚生勞動省的《患者調查》，日本目前患有心理疾病的人估計約有四百二十萬人。由於這是以就醫的人為基礎進行的調查，而事實上還會有完全沒有病識感（沒察覺自己有心理疾病）的人，或者是雖然懷疑自己「好像有哪裡怪怪的……」卻沒去就醫的人，所以可以推測出實際人數還會更多。

正如前面所說明過的，心理疾病的特徵就是種類與症狀都十分繁多，很多時候根本就無法確定原因，因此與身體方面的疾病有很大的不同。而且很

任何人都可能罹患心理疾病

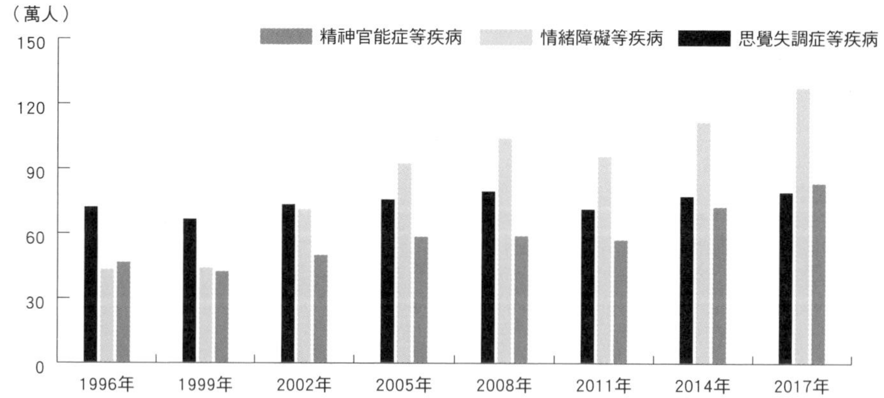

出處：日本厚生勞動省政策統籌官附設參事官附設保健統計室《患者調查》

（註）1. 患者數（總患者數）是截至調查日期為止持續接受醫療者（調查日期包括未在醫療設施接受治療者）。
總患者數＝住院患者＋初診門診患者數＋（複診門診患者數×平均診療間隔日數×調整係數（6/7））
2. 2011年的數值未包含宮城縣石卷醫療圈、氣仙沼醫療圈及福島縣。

日本約有420萬人患有心理疾病（大約每30人就有一位）

在日本，大約有**420**萬人患有某種心理疾病，其中最多的是包含憂鬱症在內的情緒障礙。這些絕不是什麼奇怪的疾病，而是任何人都有可能罹患的普通疾病。

在適當的治療下心理疾病也能恢復健康

心理疾病並非一旦罹患就絕對不會痊癒的疾病。雖然無法像身體疾病那樣檢測出症狀的嚴重程度或恢復程度，但與身體疾病一樣可透過適當的治療來恢復健康。

即使被診斷出有心理疾病也無需悲觀

不要慌張、不要焦慮，積極治療就能恢復健康

透過與公認心理師等心理專業人員的諮商、精神科醫師的治療、周遭人員的協助以及自我的努力，心理疾病是可以恢復健康的疾病。因此無需悲觀也不用著急，以正面的態度面對它，確實接受治療。

進行諮商，或是諮詢精神照護或復建中心等機關。就像憂鬱症如果置之不理的話就會惡化，有許多精神疾患也是如此，而愈是惡化就愈需要更多的時間來治療。愈是能及早處理，在金錢上或是時間上的負擔也會愈少，因此，一旦感覺到心理方面有不對勁的地方時，儘快進行諮商才是正確的選擇。

心理疾病是人的個性或特質之一

一旦診斷出有精神疾患，不論病名是什麼，相信很多人都會受到很大的衝擊，然而，並不需要感到悲觀。精神疾患絕非不治之症，透過適當的治療、心理治療或心理諮商，都是有機會恢復健康的疾病。請正向地理解它，把它當作是自己的個性或特質之一。

這一點，在自己的孩子被診斷有「發展障礙」這種精神疾患時也是一樣，請千萬不要悲觀，而是去理解自己的孩子。

在就醫時，請向精神科醫師問清楚「這是什麼樣的疾病？」「治療方針是什麼？」「治療時間需要多久？」「藥物的效果」等資訊。尤其是如果孩子無法自行判斷時，就需要父母來進行判斷，所以這一點極為重要。在聽清楚醫師的說明之後，再以自己的意願判斷自己要如何面對疾病。

如果無法接受診斷出的病名時，去尋求第二意見也是選項之一。如前所述，精神疾患的診斷十分困難，有時會很模糊，隨著時間經過，診斷名稱也有可能發生變化。由於症狀相似的精神疾患很多，若再加上其他症狀的話，又會增加診斷的難度，因此，尋求其他精神科醫師的意見同樣也十分重要。

以自己的意願決定最後的判斷

在聽取有關病名與治療方針的詳細說明後，選擇自己能接受的方式

在接受精神科醫師的診察時，只要是自己有疑問的地方一定要詢問清楚。尤其是病名及其診斷理由、治療方針、治療期間、藥物效果等訊息，除了必須向公司或家人說明之外，如果能了解治療的時程與進展情況，應該也能讓自己的情緒變得更為正向。

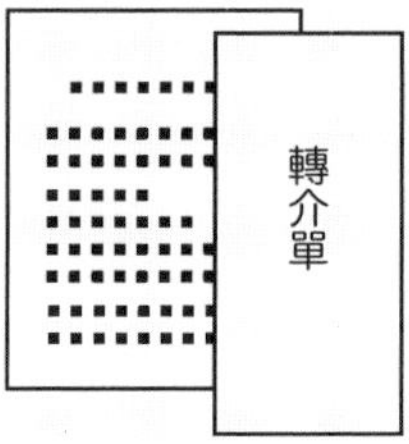

如果無法接受說明的內容，也可以選擇第二意見

對精神科醫師的說明有無法接受的部分時，也可以選擇請醫師幫忙寫轉介單，尋求其他醫療機關精神科醫師的「第二意見（Second Opinion）」。

若是無法自行判斷的兒童，則需要父母仔細判斷

當子女被診斷出有精神疾患時，則需要父母負起責任來進行判斷。父母必須深思熟慮：「真的有生病嗎？」「會不會只是發育得比其他孩子還要慢而已？」，若是家人無法決定的話，也可以向兒童福利設施或公認心理師進行諮商，接受專家的建議也是很重要的一環。

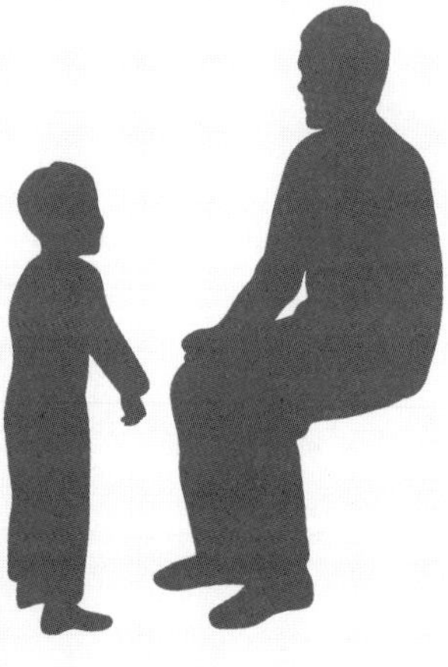

判斷是否真的有障礙十分重要

兒童被診斷為ADHD（注意力不足及過動症）後的心情

收到兒童寫來的書信

筆者曾收到一位小學女生寫來的信件，上面寫著她被周圍的人說「妳得了ADHD」。她說當她聽到自己有ADHD的時候感到十分困惑。突然被診斷出一個從未聽過的疾病，完全不知道自己將來會發生什麼事、會變成什麼樣子，會感到不安也是理所當然的。說是生病，可是既沒有發燒，也沒有哪裡動不了，換句話說，也就是沒有「症狀」出現，本人也不覺得自己有什麼問題。但儘管如此，周圍的人還是感受到這個女孩有「無法安靜下來」等某些讓人困擾的情況，所以才覺得她肯定有ADHD吧！

因為突如其來的宣判而感到不知所措的孩童們

從這位女孩所寫的文章來看，文字寫得很工整，平衡性也十分良好，並沒有給人「過動」的感覺。當然，僅憑這些我並無法得知全貌，所以還是有必要請她告訴我她有什麼困難。

剛好，有一位朋友跟我說他懷疑自己說不定患有ADHD，於是我就請他做為這位女孩的諮詢對象。在聽過她說的許多事情之後，我發現這位女孩對於患有ADHD的孩童將來會變成什麼樣子十分好奇。這也是理所當然的，雖然她或許沒有ADHD，但透過與別人的會談，應該也讓她更加地了解自己吧！

對孩童來說，在某一天聽到「你有ADHD」，就像是什麼突如其來的宣判一樣。尤其還是一個完全不熟悉的病名，想必一定會無法理解而感到不知所措。這就像突然被一顆飛來的球擊中一樣，會感到驚愕也是理所當然的。重要的是，即使他們感到混亂，我們也必須說明清楚，讓他們了解到發生了什麼事，還有這會帶來什麼樣的後果。

沒有人知道將來會變成什麼樣子

患有ADHD的孩子，並不能確定他們隨著成長會有什麼樣的演變。在醫學的診斷上，只能根據某個時間點的狀態來下診斷，但對於處於發育期的孩童來說，未來會有什麼樣的變化，是完全無法確定的。

在孩童們的成長過程中會發生各式各樣的事件，因為與某人的相遇而改變一生的情況也並不少見，所以我認為過早地讓孩童們對自己抱有既定的想法並不恰當。

這位女孩也是，她應該會有各式各樣的夢想，並且有著去實現夢想的道路。她的人生還有著很大的可能性，因為有那樣的人生在等著她，所以我很希望她不要輕易地將自己定性。

未來我們之間還會有什麼樣的書信交流呢？我很期待。

家人眼中的「發展障礙」

這裡要介紹給大家的，是家中有發展障礙兒童的實際經驗談。
此外，文章的下方也同時登載了公認心理師的建議。

突然被診斷的「發展障礙」

我的兒子是在一歲半左右的時候發現有發展障礙的。一開始是在嬰幼兒健康檢查的時候保健人員問我說「他是不是耳朵聽不見？」的確，我的大女兒是在大概九個月大的時候開始說話，我還想說怎麼比他姊姊慢這麼多呢，不過那個時候並沒有太過在意，然而，在看到其他同年齡的孩子都陸續開始會說話後，就愈來愈感到不安，於是到了附近的耳鼻喉科諮詢之後，醫師介紹我到大一點的醫院進行檢查。那裡的檢查規模相當大，除了聽覺之外，還進行了腦波等各式各樣的檢查，結果顯示耳朵或腦部都沒有異常，於是又轉到了兒童心理科，然後就被診斷出了這個病名。

說實話，在被診斷出「可能有發展障礙」的時候，簡直就像晴天霹靂一樣，因為我完全不知道什麼是發展障礙，也不知道有什麼治療的方法。不過那時候幫我們診斷的醫師告訴我「能在這麼小的年齡就診斷出來是非常罕見的，可見父母真的很細心地在照顧孩子」時，這番話讓我感覺得到了救贖。醫師說，「發展障礙通常是兒童在小學入學前的健康檢查或是開始學校生活之後才被發現（※1），其中有些人甚至在成年開始工作後才發現。和那些人相比，如果可以在這麼早期就知道孩子有發展障礙的話，就能夠有更多的時間可以觀察孩子，也就更容易知道如何配合孩子的發育過程與

公認心理師的建議

（※1）發展障礙為什麼常常會在患者上小學的時候被診斷出來，是因為在集體生活（集體學習）中，有不同行為的孩子會特別顯眼。根據日本文部科學省的調查，小學一年級生中有將近一成的人有這種情況，但因為孩童會逐漸成熟，所以請不要有症狀會一直一成不變的成見。此外，如果是到了成年之後才發現的話，或許有些人的確會跟孩童的發展障礙類似，但最好也不要有既定的觀念認為一定都跟孩童的發展障礙一樣。

他相處」。於是，我們就與醫師合作，開始了對我兒子的治療。

仔細觀察找出和他相處的方法

一開始，由於醫師建議我先從觀察下手，結果在仔細觀察之後，果然發現了許多跡象。一般人在感到有討厭或不開心的事情時，會用語言來表達，例如「不想吃飯、不想走路、好想睡覺……」，但對於無法用言語表達情緒的兒子來說，他就怎麼辦呢？就是不斷哭泣而已。恐怕這是他在覺得無法傳達自己的想法或感到不滿等各種情緒時，除了言語之外唯一能使用的手段了。在帶他散步或是買東西的時候，也是常常哭聲震天。如果還是嬰兒時期，周遭的人還會說「哎呀，寶寶在哭了」，可是在能夠走路之後，在外面大聲號哭的話，別人就會用「這小孩是不是被虐待了啊？」的眼光看著我們。也因為這樣，我們常常得在吃飯途中離開餐廳。不過，這種情況有逐漸在改善了，方法就是「讓他去體驗各式各樣的事情」。在多方思考他哭泣的原因後，我發現他在陌生的地方會覺得不安，看到眼前只有不愛吃的食物會覺得討厭（※2），漸漸地了解了他為什麼哭泣。

於是，我們會去同一個地方很多次，讓他了解「這個地方沒問題唷」。當然，因為他不可能立刻就會習慣，所以我們會去更多次，讓他認識到這是入口、這是廁所、這是他以前來過的地方，這樣一來，他大聲號哭的情形也就逐漸減少了。而在餐廳吃飯方面，一開始我們會在看到他快要哭的時候夫妻輪流帶他出去，不過這樣就沒辦法好好吃飯了，後來我太太想到一個方法，就是去「自助式」的餐廳吃飯。

（※2）雖然發展障礙的患者經常會有偏食的情況，但也並非全都是如此，就像一般人對食物也會有好惡一樣，不能算是發展障礙的一種症狀。由於患者對於口感或嗅覺的感受可能更優於常人，若是好好培養的話，或許對於將來也會有幫助。

在自助式餐廳，他就可以選擇愛吃或感到好奇的食物，因為這樣，他也變得可以吃下之前不願意吃的食材。就這樣，在哭泣的原因逐漸減少之後，到了他三、四歲的時候，已經可以很平常地在外面吃飯了。

在小學裡發生的某個事件

不過，在他進入小學之後，又有新的問題發生。那就是所謂的「通級」制度。（註：日本之教育制度，相當於我國特殊教育中之分散式資源班。）當時我們所居住的地方政府，每星期會安排一次到其他學校的支援教室上課。對於去其他地方上課的本人來說沒什麼特別感覺，但其他的學生就不這樣覺得了，他們覺得為什麼只有我的兒子可以在上課的時候跑去別的地方，還覺得他為什麼可以蹺課去別的學校玩，實在太不公平了。若是在小學高年級，還可以由老師說明讓大家有某種程度地了解，可是對於低年級的學生來說，就算老師再怎麼說明大家也無法理解。一開始還只是程度輕微的惡作劇，後來就逐漸惡化，變成「每星期蹺課一次的傢伙」而被大家排擠。演變成這種狀況，小學本身漸漸變成了一個討厭的地方，最後我的兒子就變成拒絕去上學了。

接下來就發生了那個事件。由於我本身是自營商，平時我都一定會跟我兒子問清楚當天發生了什麼事，然而，那一陣子我剛好生病住院，所以就沒辦法掌握當時的狀況。是我唸附近中學的女兒告訴我，說我兒子在小學裡有想要跳樓的樣子。當時雖然不是醫院的探視時間，我還是要求在醫院把事情說清楚。或許是因為我當時正在住院

（※3）發生問題的時候，為了讓當事人能夠冷靜下來，有一種管教方式是讓當事人離開現場，這種方式也被稱為「隔離法／暫停法／time out」。不過，遠離現場只是讓問題延後而已，所以並不是很推薦這種方式。當有某個問題發生的時候，建議還是不要遠離現場，與當事人一起解決才是更好的處理方法。

所以讓他情緒不太穩定，然後導師又罵了他難以忍受的話，旁邊的同學又都一副看好戲的樣子，所以才讓他覺得自暴自棄而採取了那樣的行為。儘管那時候我怒火中燒，但憤怒也無法立即改善這種情況，於是我提出了「既然他討厭的話那就不用勉強他去學校了」，反正唸書這種事在家裡也辦得到，與其在討厭的地方惹人嫌，還不如待在家裡。當然，我自己並不打算對這件事忍氣吞聲，在出院之後，我和校長、當時的導師、教育委員會等人不知道會談了幾次，總算得到了改善對策。在那之後，通級的頻率減少，相反地，特殊教育學校的老師則會來原本的普通學校巡迴輔導（※3），其他的小朋友也終於了解到兒子原來是去其他學校上課，之後就沒有演變成更大的問題了。

難以適應環境變化的孩子，其實很渴望環境變化

一上了中學又出現新的問題，那就是升學問題。因為兒子的成績愈來愈落後，學校的老師也建議他去念特殊教育學校（※4）。可是，由於他對於喜愛的科目擁有驚人的知識（※5），所以我們一直在想有沒有辦法讓他能學得更為深入。原本我們擔心兒子在環境改變時需要很長的時間才能適應，但在詢問過本人後，他反而告訴我他想要改變環境去別的學校上課。於是我們找了各種不同環境的高中，最後找到了一間為了解決學生心理煩惱而有心理諮商師常駐的學校。很快地，我們帶著兒子一起去學校參觀之後，兒子本人也很滿意的樣子。在面談時老師也提到校方十分重視學習環境的營造請我們放心，於是我們也就放下心來決定讓兒子進入這間學校了。雖然一開始還是

（※4）一旦接受特殊支援教育之後，也會產生另一方面的問題，那就是很難再回到普通教育。這也是今後必須要研究的課題。此外，家長在有煩惱的時候，也不要累積在心裡，儘量去諮詢多一點人會更為適合。

（※5）有些孩童還會展現出驚人的記憶力。不過這些孩童會把原本在一般情況下隨著時間過去而逐漸模糊的記憶，全部都記得很清楚，所以也會造成腦部的疲勞。周遭的人請記得要讓這樣的孩子適時休息，才不會造成過熱的情況發生。

會擔心兒子會因為環境變化而不想上學，結果也只是杞人憂天而已。因為是一個可以集中精神唸書的環境，兒子的成績也突飛猛進。也幸好學校有心理諮商師常駐，學生之間經常會出現的煩惱立刻就能透過諮商來改善，也會確實報告給老師讓彼此建立起共識，所以兒子也都能心情愉快地去上課。就這樣，兒子的成績一直名列前茅，今年也終於考上了志願的大學，目前也一邊到大學上課一邊研究自己喜歡的學問（※6）。

絕對不是一件很負面的事

雖然這只是我們家的例子，而大家的環境畢竟都不一樣，所以也不是所有人都能得到同樣的結果。但是我一直相信我們第一個看病的醫師所說的，「請把這個孩子看作是比實際年齡小五歲的孩子，之後隨著成長說不定他也能追上來唷」的話語，並且也是用這樣的態度扶養他長大。當然，除了他本人的成長之外，這也給我們家裡帶來了很大的改變。我的女兒因為有一個這樣的弟弟，所以覺得照顧幼小的孩子是她的天職，現在也取得了幼稚園教師、保母、小學教師的資格，目前正在幼兒相關的職場工作。我們夫婦兩人雖然也有很辛苦的時候，但現在回想起來，其中也發生了非常多有趣的插曲。當然這也不是主要的原因，但我想說的是，對於發展障礙，家人真的不需要用負面的思維去看待這件事。

（※6）考慮到將來的事，讓當事人從小就關注到「工作」這件事是很重要的。可以在家中跟孩子說明清楚那些工作是在做什麼，並且也要讓他們去體驗看看。

第2章

兒童容易出現的心理問題

第2章

為了支援發展障礙兒童

應該把發展障礙看作是與生俱來的個性或特質

要以孩童的心靈為優先

發展障礙（神經發展症候群／神經發展障礙類群）是一種因為先天性腦部功能問題造成病患難以適應社會生活的疾病。過去常有「本人不夠努力」「家庭環境有問題」或「家長沒教好」等言論，但現在這些觀念都已被醫學否定。由於發展障礙是先天性的，換句話說，是一種與生俱來的特質。

因此，如果一直沒有發現孩子有發展障礙，或是在誤解的情況下進行嚴厲的教育，或是要求孩子過於努力的話，不但不會改善，還可能讓症狀惡化，甚至造成二次障礙（第78頁）。

會出現發展障礙的原因，目前還有許多地方並未釐清，而且很遺憾的是，以現代科學仍沒有找出可以完全治癒的方法。

不過，儘管與典型發展幼兒相比速度會比較慢，但是發展障礙幼兒的心靈還是有在持續發展。因此，雖然在治療上很容易只關注症狀的改善，但其實還是應該以幼兒的心理為優先。

也因為這樣，治療的重心應該放在「支援重於療育」的方式。若是能夠配合幼兒的特質打造適合的環境，他們就能夠以自我的意願去選擇及行動，對任何事物也就更容易以正面的態度看待。這樣一來生活可以過得更充實，將來在症狀上也很可能會

發展障礙是一種特別強烈的個性

本來就有各式各樣的孩童

一聽到發展障礙，大部分人都會有負面的印象，常常只會去注意到病患「做不到的事」，但其實病患「做得到的事」也應該要去關注。其中，在記憶力或藝術方面，有些病患更是會展現出比典型發展幼兒更優秀的能力。

並不是因為本人的努力不足、家庭環境或父母管教不當而造成！

幼童在受到表揚時會成長
多次累積成功的經驗後，
就可以建立起巨大的自信心。

若是誤以為「孩子耍任性」而嚴厲地責罵，可能會引起二次障礙……

與過去相比，發展障礙的人正在增加!?

根據日本厚生勞動省報告，2017年在醫療機關就醫的發展障礙人數有23.3萬人，2002年卻只有3.5萬人，也就是15年來增加了6倍以上。不過，與其說這是「發展障礙的人增加」，其實更應該是因為大眾對於「發展障礙的認知度提高了」。隨著2005年日本發展障礙支援法的施行，大家對於發展障礙的關注也愈來愈多。或許是因為覺得「自己說不定也有」的就醫人數增加，所以才讓潛在的發展障礙者浮現出來。

獲得改善。

以長遠的視野提供支援

根據《DSM-5》的診斷標準，發展障礙的中分類裡，包括了智能障礙、溝通障礙症、自閉症類群障礙、注意力不足及過動症、特定學習障礙、運動障礙、以及其他神經發展障礙等七項。雖然都稱為發展障礙，但它的特性在每個人身上表現的並不一致，就算罹患同一種疾病，其表現出來的特性也具有個體差異。

舉例來說，同樣患有自閉症類群障礙的孩童，有的人就會對他人毫無興趣，喜歡一個人安靜獨處，但也有人會積極地與他人接觸並單方面地不斷講話。而且，不同的發展障礙會錯縱複雜地結合在一起，尤其是自閉症類群障礙、注意力不足及過動症、特定學習障礙這三者很容易有共病現象，展現出來的特質也會變得更為複雜。

因此，在照顧發展障礙的幼童時，不要被病名所迷惑，而是要仔細觀察患者本人，確認對方表現出什麼樣的特質。此外，支援發展障礙必須以長遠的視野來進行才是最理想的，這是因為發展障礙的孩童，在理解力的偏向或記憶方式會表現出特異性，比起典型發展的孩童更容易受到環境的影響。

在學校裡有各式各樣的課程及活動，為了晉級或升學而參加的課程、上課的學校、班上的成員也都各有不同。在環境不停變化的情況下，什麼樣的環境會讓患者表現出好的特質，相反地，又有哪些環境會讓患者表現出不好的特質，若是能掌握患者過去的成長環境，站在支援的角度也比較容易能提出更為合適的輔導方案。因為特質除了會因人而異之外，環境、年齡增長及本人自身的成長也會造成變化。

發展障礙（神經發展症候群／神經發展障礙類群）的分類

發展障礙不會單獨發生而是會互相重疊

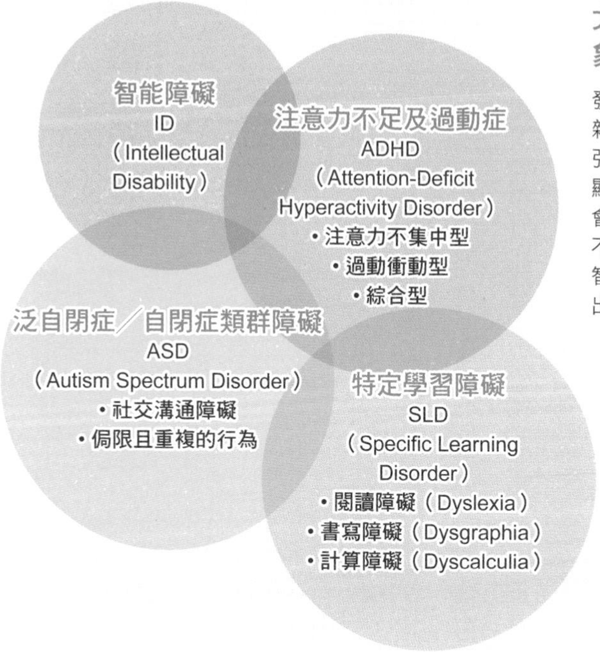

尤其是經常出現共病現象的自閉症類群障礙症

發展障礙最具代表的特性，就是會複雜地重合在一起。根據2020年日本弘前大學研究團隊所發表的調查報告顯示，88.5%的自閉症類群障礙至少會共病一種發展障礙，其中與注意力不足及過動症共病的占了50.6%，與智能障礙共病的則占了36.8%，顯示出強烈的關聯性。

第2章

智能障礙（ID）

也被稱為精神發育遲緩的智能發展障礙

透過智力功能、適應能力、發展期來進行診斷

智能障礙（ID）的特性，是與同年齡人相比出現智能發展遲緩，且無法順利地適應社會，也被稱為「精神發育遲緩」或「智能發展障礙」。當滿足智力功能、適應能力及發展期這三個標準後，就會被診斷為智能障礙。過去的診斷標準都是以智力功能為基礎，在IQ（智力商數）平均為一百、標準偏差為十五的智力測驗中，大約七十以下就符合這個特性，其中約五十一至七十為輕度，約三十六至五十為中度，約二十一至三十五為重度，約二十以下為極重度，依智商範圍分成四種嚴重程度。

不過在參考《DSM-5》中「只看IQ並不能進行診斷」的見解後，目前除了智力功能之外，還要加入「適應能力」才能進行診斷。而在適應能力方面，會由心理專業人員觀察當事人是否具有人際關係所需的社交技巧或生活上必要的實用技能。最後，還要經過「發展期」診斷，確認這些智力功能及適應能力的問題是否發生在大約十八歲，才會決定當事人是否有智能障礙。

根據日本厚生勞動省的報告，智能障礙的盛行率約占一般人口的百分之一，男女比例在輕度智能障礙為一點六比一，重度智能障礙為一點二比一，顯示男性有稍微高一點的傾向。

智能障礙的判斷標準（輕度～極重度）

	a	b	c	d
I（IQ～20）	極重度智能障礙			
II（IQ21～35）	重度智能障礙			
III（IQ36～50）	中度智能障礙			
IV（IQ51～70）	輕度智能障礙			

參考：《平成17年度智能障礙兒（者）基礎調查結果之概要》日本厚生勞動省

厚生勞動省的診斷表如左。橫軸I～IV為IQ，縱軸a～d為生活能力（適應能力）之水準。愈靠近a表示愈是無法生活自理，愈靠近d則表示可以獨立生活。若IQ很低但適應能力強的話，則會往輕一級的等級診斷。

「中度智能障礙」的特徵

- 經過指導後會自行換穿衣服
- 洗澡時會自己洗身體，但不會沖洗乾淨
- 在某種程度上能夠讀寫文字（平假名）
- 前往陌生場所或利用大眾交通工具時會有困難

……等

「輕度智能障礙」的特徵

- 能建立起儀容打扮或換穿衣服等基本生活習慣
- 能閱讀並理解簡單的文章內容，但在漢字學習有困難
- 能過集體生活或是與朋友交流

……等

「極重度智能障礙」的特徵

- 無法進行基本的生活行為
- 無法傳達自己想要上廁所
- 雖然在想法溝通上有困難，但有些患者可以用搖晃身體或簡單的單字表達自己的想法

……等

「重度智能障礙」的特徵

- 需要接受指示或協助來進行換衣服、洗澡、吃飯等基本生活行為
- 除了簡單的問答之外不太能進行想法溝通
- 無法一個人外出

……等

若是能配合孩童的發展情形給予適當的支援，還是有很大的可能性，所以請儘量保持正面思考！

一般情況下，智能障礙通常沒辦法完全治癒，但如果能根據患者的特質或嚴重程度打造出適合的環境，患者在適應能力上仍有可能獲得改善或進步。

關懷的對象不只本人也要包括其家人

正如第49頁所說的，智能障礙的特性在於其本身是一種根本性的障礙，所以很難獲得改善。因此，主要的支援方式在於提高患者的適應能力，讓他們在生活上能更為容易。

一般性的支援會在家庭、養護中心或機構中合力進行。在教育方面則通過特殊教育學校進行小班制的教育，根據每一個人的實際狀況進行指導。分班也不會比照一般學校的年級制，而是根據各發展期的嚴重程度，對各課程目標及內容以階段性的方式進行指導。此外，在指導方面也不只針對課程的學習，還要讓學員學會社會生活所需的知識及技能，例如如何傳達自己的想法，或是日常生活中的各種行為等。

此外，若是程度非常輕微的輕度智能障礙，很可能直到成年本人或家人都沒有發覺，在這種情況下，病患常常會因為成績不好而被視為是本人不夠努力而抱持著自卑感，所以心理的關懷也十分重要。這一點對於在年幼期就被診斷出來的孩童也是一樣的，大家對於智能障礙者往往會優先關注他們的適應能力，因此，務必要特別注意不要疏忽掉心理方面的關懷。

另一方面，對智能障礙者家人的關注也是很重要的一環。有些家庭在發覺自家孩子有智能障礙後會受到太大的衝擊，導致無法對孩童有適當的支援行動。這時候就必須透過周遭資源的協助，幫助家人充分理解當事人也可以擁有他應有的人生，促使家人能夠以正面的態度來支援當事人。

在以家庭支援為中心的情況下，提供能夠暫時安置孩童的設施或行政服務，減少家人的身心負擔、提高整體家庭的生活品質，也是很重要的支援工作。由於有些家庭可能因為不知道有這樣的公共服務而每天疲於奔命，所以也要進行確實的宣導。

與智能障礙者的互動方式與支援

注意互動時的方式

① 不要情緒性地責罵
② 不要以威逼方式下指示
③ 糾正對方在認識上的錯誤
④ 用聽得懂的方式對話
⑤ 儘量認可對方

智能障礙者很難理解行為的理由，當他們因為無法理解而出現問題行為時，也不要情緒性地責罵對方，而是要冷靜地說明。

了解彼此的差異並同理對方

① 了解病患本人的難處
② 首先要有同理心
③ 不要催促對方回話
④ 慢慢地與對方說話
⑤ 以對方容易回答的方式說話

要理解智能障礙者本人感到的困難並不容易。透過共同的體驗，去了解他們對什麼事情會有什麼樣的感受，是很重要的一環。

在溝通上多加關懷

① 要了解對方會說的詞彙並不多
② 以開門見山的形式溝通
③ 直接了當、不帶惡意的表達方式
④ 可試著改變問問題的方式
⑤ 不要使用雙重否定

要智能障礙者去理解複雜的文章或表現是很困難的。請避免過長的措辭或比喻，儘量多花一些時間用單句簡潔地傳達自己的意思。

公認心理師的建議

發展速度雖然緩慢但仍會持續進步

智能障礙可以說是一種難以知道患者本身能力的障礙。其實我們對於「智能」了解得並不透澈，其定義也沒有統一，由於智能本身就是一個無法確定的概念，所以在這方面的障礙也無法有明確的定義。

智能會隨著經驗與學習而不斷變化及成長，因此，在體驗及教育方面就非常重要了。隨著孩童的成長，能力也會發生變化。此外，對於智能障礙者，社會的觀念及結構也必須逐漸改變，如此一來，智能障礙者在生活上也才能變得更加容易。

第2章

不善於與人共情，對特定事物展現出強烈的執著

泛自閉症／自閉症類群障礙（ASD）

約有九成的比例確認有共病現象

泛自閉症／自閉症類群障礙（Autism Spectrum Disorder, ASD），過去稱為自閉症、亞斯伯格症候群、廣泛性發展障礙，屬於發展障礙類群中的一種。Spectrum是「光譜、譜系」的意思，目前已知自閉症狀有一系列的特性，所以將名稱合併為自閉症類群障礙。

此疾病的特性可大致分為「社交溝通障礙」及「偏限且重複的行為」。前者不擅長應付不同的狀況或對象，後者的特徵則是會不停重複做出特定的行為。一旦在發展期早期確認到有這兩種特性，經過綜合診斷之後，就會被認定為自閉症類群障礙。根據特性的強弱把症狀的嚴重程度分為三個階段，需要支援的為「第一級」，需要充分支援的為「第二級」，以及需要非常多支援的為「第三級」。

此病很容易有共病現象，約有百分之八十八以上患有一種以上的疾患。雖然也會與智能障礙（第48頁）有共病現象，但相反地，其中也有智商非常高的情況。

根據日本厚生勞動省的報告，自閉症類群障礙的發生頻率約為百分之一。亦有報告指出男性有較高的發生頻率，大約是女性的四倍。

自閉症類群障礙的特性大致分為兩種

社交溝通障礙

不善於與他人溝通，幾乎不會去「察言觀色」。在學校裡也很抽離，就算有朋友，也不會想要深交，但仍會一點一點地學習相互關係。

不擅長非語言性的交流

不擅長從對方的視線或表情看懂對方的情緒／對其他人（包含家人在內）漠不關心／有不喜歡說話的傾向……等

容易受限於言語的表面意義

難以理解慣用句、比喻、曖昧的表現、諷刺、誇張、玩笑／不知道「早安」「晚安」等語彙的使用時機……等

不會與他人共情有趣或關心的事，有時候即使是家人也一樣。

侷限且重複的行為

侷限有「狹窄」的意思，會反覆進行特定的動作、對特定事物有強烈的執著。這些在他人眼中不可思議的行為對本人來說卻非常重要，如果執意要做的行為被人打斷，可能會陷入恐慌。

重複同樣的行為

搖晃身體／轉圈圈／原地跳躍／不斷觸摸一個物體／持續盯著某個物體或空間……等

對特定的事物異常執著

一定要走固定的路線上學／重複說或寫特定的詞彙／有收集的癖好／背誦特定領域的名詞……等

不能走平常的路線去學校了！
怎麼辦！怎麼辦！！

一旦無法跟「平常一樣」就會感到強烈的不安。

過於敏感或過於遲鈍

感覺太過敏銳或太過遲鈍

雖然沒有列入診斷標準之內，但自閉症類群障礙的人在視覺、聽覺、味覺、嗅覺等各式各樣的感覺會表現出明顯的偏向。例如視覺過於敏感的人，會覺得「白紙上面寫了黑字」的對比度過於刺眼而難以辨認文字。

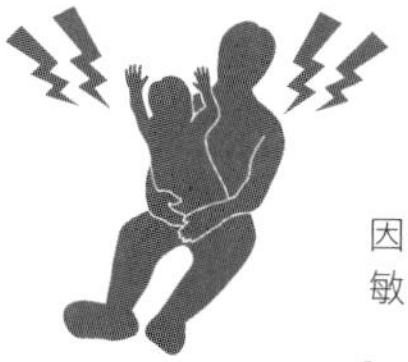

只要一靠近跟他講話就會表現出很討厭的樣子

因為無法表達出自己聽覺過敏，會變得很容易焦躁。

你不覺得冷嗎！？

一旦因為感覺遲鈍而感受不到溫度，就會穿不合季節的服裝讓周遭的人感到驚訝。

選擇符合個人需求的介入法

很遺憾地，目前仍沒有確立自閉症類群障礙的根本治療法。不過，透過教育及調整環境等支援，有機會讓患者學會面對困難時的對應方法、緩和症狀或減輕負擔。

目前全世界普遍使用的支援法之一是「TEACCH結構式教學法」，該教學法會去理解自閉症類群障礙者當事人的想法與世界觀，並根據其特性進行綜合性的支援，以自立及共存為目標。

此外，家長的參與也十分重要，因此，還有一種家長親職訓練（Parent Training, PT）稱為「親子互動治療（PCIT）」的支援法，由諮商師在另一個房間觀察親子之間的交流，再根據情況指導家長如何適當地與孩子相處。藉由改善親子之間的交流方式，能有效處理孩子動不動就發脾氣或表現出攻擊行為時的問題。

除此之外，還有從環境與個人的相互作用來了解當事人的行為，目標在於透過環境變化來改變行為的「ABA（應用行為分析）」、讓當事人學會如何處理人際關係技巧的「SST（社交技巧訓練，Social Skill Training）」、以及培養發現自我心理狀態與了解他人言行舉止之能力的「心智化（mentalization）」等，根據年齡、症狀嚴重程度、突顯的特性而制定的各種介入方法。

不過，要注意的是不要只被自閉症類群障礙的特性所侷限，這是因為本病經常與其他疾病有共病現象，所以也可能會有注意力不足及過動症（第56頁）或特定學習障礙（第66頁）的特性存在。不要執著於診斷名稱，重要的是要確實面對每個人特有的特質，看清楚對方有什麼困難，對哪些事情不擅長，才能找出對孩童最適合的支持方式。

與自閉症類群障礙者的相處方式與支援

用具體的話語表達

他們無法理解曖昧的表現，或是只能理解字面上的意思。因此，在給予對方某種指示時，最好用簡短且具體的話慢慢說給他們聽。

確認要求的意思

對於被動型的自閉症孩童，因為他們不會表達「不」或「不要」的要求，有時也必須代替他們回答。若是在對話中保持沉默時，則要過一段時間再去確認他們的意思。

活用視覺訊息

大多數自閉症類群障礙的孩子都很擅長理解視覺訊息。比起口頭溝通，使用文字或插畫可以讓他們更安心地專注在事物上。

即使出現恐慌情形也要冷靜

在孩童因為某個理由而過度焦慮陷入恐慌時，請先帶到安靜的地方等對方冷靜下來。不要責罵，在冷靜下來之後記得要褒獎對方。

擴大他們的興趣範圍

若孩童很執著於特定的玩具並反覆玩同樣的遊戲時，可以誘使他們去玩其他的遊戲。雖然不能用強制的方式，但仍要多安排機會讓他們能稍微擴大一點興趣範圍。

選擇適當的療育與支援方式

目前有許多能夠緩和自閉症類群障礙特性的療育及支援法。請根據孩子的年齡、特性及特別突顯的特質，來選擇適當的支援方式。

公認心理師的建議

是否會對生活造成妨礙，掌握「堅持」的方式很重要

自閉症類群障礙者有時會因為「堅持」自己的想法做事而成為問題，有時甚至會影響到日常生活及社會生活。

然而對患者本人來說，有時候只是為了想要重現自己的記憶而已。此外，也可能只是想要用自己喜歡的方式去做事。即使是成年人，也會有各式各樣的「堅持」。人類原本就有「堅持」的特性，所以必須要考量到是否在容許的範圍內。

第2章

注意力不足及過動症（ADHD）

不擅長過集體生活所以很容易格格不入

主要症狀會隨著成長而變化

注意力不足及過動症的英文為Attention Deficit Hyperactivity Disorder，簡稱為ADHD。

主要的特性包括容易忘東忘西無法集中注意力的「注意力不集中型」、無法靜下來的「過動型」、以及做事不考慮後果的「衝動型」。

若是以主要症狀來分類則可分為兩類，注意力不集中症狀較為明顯的稱為「注意力不集中主導型」，過動或衝動較為明顯的則稱為「過動或衝動主導型」。

幼兒時期通常以過動或衝動為主要症狀，給人一種「這孩子還真有精神」的印象。不過在進入學齡期後，因為注意力不集中而忘東忘西，或是因為過動而無法待在座位上的行為就會逐漸增加。程度愈是嚴重，就愈難適應學校生活，常常會有與周遭同學格格不入的情況。

注意力不足及過動症的孩子在學齡期（六～十五歲）兒童中占了百分之三至九，其中，大部分孩子會隨著年齡增長逐漸減少被視為問題的症狀。

不過，目前在成年人中有百分之二至二點五的人被確認有注意力不足及過動症，由於很多成年人會把此病強烈視為是自身的失敗，於是導致出現焦慮症或依賴症等二次障礙。

注意力不足及過動症的主要特性

主要特性分為 注意力不集中、過動、衝動 三種

注意力不集中型的特性

經常忘東忘西，專注力無法持續

- ■東西經常不見，或是忘記放在哪裡
- ■經常把東西放著不管，不會去收拾
- ■會因為外來的刺激而立刻分心
- ■經常漏字或出現單純的計算錯誤

……等

過動型的特性

無法安靜地待著

- ■在上課過程中無法待在座位上會一直走來走去
- ■看到在意的事情會立刻走出去
- ■自顧自地說話
- ■說話的內容很容易一直改變

……等

衝動型的特性

行動前不經思考

- ■無法長時間等待，也不遵守輪流順序
- ■看到想要的東西忍不住要去碰觸
- ■一定要把知道的事情講出來才會滿意
- ■不擅長控制自己的情緒或欲求

……等

不一定要同時出現這三種特性
ADHD會根據比較明顯的特性分成兩類

注意力不集中主導型

常常忘記帶東西，專注力無法持續導致學習進度緩慢。此外，也很不擅長整理分類，不會收拾房間。女性比男性更常有這種特性。

過動或衝動主導型

男性比女性更常有這種特性。過動症狀比較明顯的人會無法安靜下來，衝動症狀比較明顯的人則不擅長控制自己的情緒。

給予肯定且願意接納的環境很重要

因為無法安靜下來或是自顧自地一直講話這種不適合集體行動的特性非常顯眼，使得注意力不足及過動症的孩子在幼年時期受到責罵的機會比得到稱讚的機會更多。結果這些孩童很容易自我評價低落，隨著成長還可能刻意去迴避人際關係。由於注意力不足及過動症的特性很容易受到周圍影響而產生變化，目前已經發現如果孩童處於一個給予肯定並接納的環境，這些症狀就會變得不再明顯。因此，周遭的人如果能夠理解注意力不足及過動症，並給予適當的應對與支援，營造出願意接納他們的環境，將會有很大的助益。

注意力不足及過動症的治療方式，會從對環境的介入及對行為的介入等方式多管齊下。

其中，對環境的介入會減少孩童自身房間及教室的裝飾或張貼的物品，透過減少多餘的刺激來防止他們的專注力被打斷，此屬於物理性介入。另外，也會把唸書的時間切割成十至十五分鐘之類的最小單位，此則為時間性的介入。這兩種方式都十分有效。

另一方面，對行為方面的介入，則需要以監護人為對象進行心理教育（第18頁）及家長親職訓練（PT）。首先是要學會不要過度斥責孩童、給予適當注意的方法，同時，也要知道如何獎勵孩子以提高他們的自我肯定感。對於注意力不足及過動症的孩子，當他們做出好的行為時要給予讚美，做出不好的行為則停止獎勵，透過這些實踐的方式，試著逐漸增加孩子做出良好行為的次數。

此外，也會進行**SST**（社交技巧訓練）讓孩童學會增進人際關係的技能，或是認知行為療法。

其他還有通過遊戲讓孩子表達出情緒的遊戲治療，或是能夠緩和過動衝動型症狀的藥物治療等方式，可以一併進行。

與注意力不足及過動症孩童的相處方式與支援

對注意力不集中型的支援

■一起多次確認以避免忘記帶東西
■規劃可以拿出玩具的區域，準備整理用的大箱子，制定收拾東西的規矩
■打造一個裝飾不多的安靜空間，減少來自外部的刺激 ……等

對於注意力不足及過動症所造成的注意力不集中情形，即使告訴對方「你要多小心一點」也是無濟於事。必須具體地下達每一個指示，並跟孩子一起確認應該攜帶的物品。

對過動型的支援

■把作業時間設定成較短的時間，中間夾雜短暫的休息
■給孩子「發講義」之類在上課中也能活動身體的任務
■在孩子能夠抑制自己過動行為時立刻給予讚美 ……等

由於沒辦法長時間保持一樣的姿勢，所以要設定短暫的休息時間讓過動兒可以活動身體。若是對方可以忍耐的話，一定要記得讚美，提高他們的自我肯定感。

對衝動型的支援

■以包容的心面對
■配合當下情況告訴孩童正確的行為，給本人回憶起規矩的機會
■一起思考並提議能夠解決問題的行為，取代那些不應該做出的行為 ……等

這一類的孩子有時會因為無法控制情緒而發脾氣。這時候不要不分青紅皂白地痛罵孩子，先讓對方冷靜下來後傾聽對方說的話，同理對方的同時一起思考解決的方法。

公認心理師的建議

若能善用「過度專注」在工作或課業上，有時也會帶來絕佳的效果

有些注意力不足及過動症的孩子對於自己喜歡的事物會出現「過度專注」的現象。雖然這種現象會因為無法與周遭的人一同行動而被視為是問題行為，但過度專注在課業或是研究上其實是必要的能力，有時也會帶來意想不到的想法或發現。雖然站在育兒的角度，孩子不理會自己的呼喚或提議是一件很勞心的事，但最好還是能儘量理解他們的特質並找出他們喜歡的事物。或許將來選擇到與喜好相關的工作時，可以完全發揮這些特質也說不定。

第2章

與本人意志無關的重複動作
抽動症／抽動障礙（TD）

有些人的症狀會持續一年以上

抽動症／抽動障礙（Tic Disorder, TD），是一種發病時會持續並反覆出現眨眼或咳嗽等行為的疾病。乍看之下會以為只是單純的習慣動作，但因為這些動作與本人的意志無關，所以就算想停止也停不下來。

抽動症可以分為講話或發出聲音的聲音型抽動，以及頭或手等部位出現動作的動作型抽動，除此之外，依照行為持續的時間還可分為單純性抽動與複雜性抽動。

舉例來說，單純性聲音型抽動以咳嗽為代表性動作，複雜性聲音型抽動則可能會有不斷地說髒話或不雅詞彙的情況，並常常因此嚇到周遭的人或遭到強烈地責罵。此外，如果是動作型抽動的話，一直眨眼不會對日常生活有什麼影響，但若是發生在手部的不斷抽動，有可能讓寫字都變得很困難。

大部分情況下這種抽動只會發作一段時間後就停止，若持續期間未滿一年的話，則會被診斷為「暫時性抽動」。但其中也有持續一年以上的情況，這種情況若只發生動作型抽動或聲音型抽動其中一種稱為「持續性抽動」，若兩者皆有的話則稱為「妥瑞氏症」。

抽動症經常會合併其他的症狀，其中以注意力不

抽動障礙的主要症狀

	單純性抽動	複雜性抽動
聲音型抽動	■咳嗽 ■吸鼻 ■發出「啊」之類的單音 ■發出動物般的叫聲 	■說髒話（穢語症，Coprolalia） →說出放肆、不雅的話語 ■仿說現象（Echolalia） →重複別人說的話 ■言語重複（Palilalia） →重複自己發出的聲音或單字 
動作型抽動	■眨眼 ■皺眉 ■搖晃頭部 ■聳肩 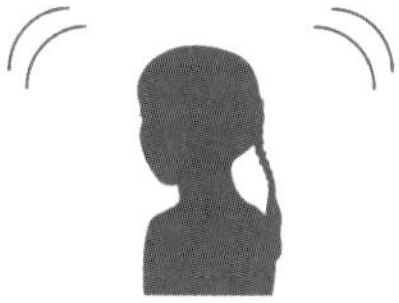	■擠眉弄眼 ■碰觸他人 ■跳來跳去 ■甩手 ■吐口水 

根據症狀的持續時間分為三種類型

聲音型抽動或動作型抽動持續時間未滿一年時
暫時性抽動

只有聲音型抽動或只有動作型抽動持續一年以上時
持續性（慢性）抽動

一種以上的聲音型抽動與多種運動型抽動兩者皆持續一年以上時
妥瑞氏症

未滿一年就停止
暫時性抽動 →

只有一種型態的抽動持續一年以上
持續性抽動 →

聲音型抽動
咳嗽、吼叫、髒話、言語重複……等

妥瑞氏症

運動型抽動
擠眉弄眼、搖頭晃腦、跳來跳去……等

← 兩種型態的抽動持續一年以上
妥瑞氏症

足及過動症ＡＤＨＤ（第56頁）或強迫症為代表。

周遭之人的理解與環境調整缺一不可

抽動障礙容易發生在幼年時期，雖然在十幾歲出頭的時候症狀會比較強烈，但隨著長大成人，症狀會變得愈來愈不明顯。不過，也有個案是到了成年之後仍會持續出現，因此，可以說每個人的過程都不太一樣。

若是幼年時期的暫時性抽動症，大部分不需要治療只要觀察即可。然而，由於抽動障礙在極度緊張或強烈壓力下容易發病及惡化，因此，實施心理教育（第18頁）及環境調整也是極為重要的一環。

尤其是針對當事人、監護人及學校方面，更是要使其了解這個疾病的特性。因為這並非是當事人能控制的行為，所以如果家長或老師責罵病童「不要再鬧了」的話，很可能因為強烈的壓力而造成反效果。必須告訴病童周遭的人不要直接指責病童的行為，營造一個低壓力的環境對病童來說十分重要。

此外，雖然前面曾說過抽動障礙在壓力下容易發病，但究其根源還是腦部功能的問題。很多人都以為這是因為家長管教過於嚴厲所造成，但這其實是錯的。因此，包括病童周遭的人在內都必須實施正確的心理教育，才能避免支援病童的家人遭到誤解而感到痛苦，甚至演變成放棄養育的情況發生。

持續性抽動症或妥瑞氏症的症狀如果長時間持續出現的話，會對當事人造成很大的負擔，有時還可能造成憂鬱症（第98頁）或焦慮症（第102頁）發病等二次障礙（第78頁）的發生，因此，這方面的照護也需要特別注意。

除此之外，對於重度的妥瑞氏症也可以施行藥物治療。另外，還有一種名為習慣逆轉訓練（Habit Reversal Training, HRT）的行為療法專門針對症狀去加以緩和，但因為這種療法在日本還不普及，因此不算是一般的治療方法。

抽動障礙與妥瑞氏症的病程

4～6歲

容易出現症狀的時期

10～12歲

症狀比較明顯的時期

青年期

從這個時期開始，症狀雖然會變得比較不明顯，但有時也會有症狀變得更加明顯的案例。

孩童的抽動障礙每10人就有1～2人會發生，絕非罕見。

妥瑞氏症每1000人會有3～8人發生。

與父母的管教或本人的性格無關

抽動障礙的發生是本人無法自行控制的。由於經常會被誤解為是在調皮搗蛋，所以對本人來說非常痛苦難受，非常需要家人及周遭之人的理解與協助。

公認心理師的建議

必須讓周遭的人理解做出這些行為「不是故意的」

抽動是孩童或成年人常會出現的現象，並非什麼特別的情況。抽動障礙則是會有各種不同的症狀。在孩童聚集的集體場合中，一旦有某個孩子出現抽動情形時，其他孩子也可能出現同樣的抽動現象。

長時間持續出現抽動行為的「妥瑞氏症」，會出現運動性抽動及聲音性抽動等複雜的症狀。對本人來說，這些顯眼的行為也讓他們感到十分煩惱。因此，非常需要周遭的人能夠理解「這些行為並不是故意的」，並且以包容接納的態度對待。

神經纖細的兒童們

戴著隔音耳罩的孩子

這是前一陣子我去拜訪一家托兒所時看到的事。當時正好是吃飯的時間，我看到有個男孩子頭上戴著隔音耳罩在吃飯。問了老師他為什麼要戴隔音耳罩，老師告訴我是那個男孩子自己想戴，因為他覺得「自己很容易分心，戴著耳罩就可以安靜地吃飯了」，這個男孩子的年齡是四歲。

老師說除了這個孩子以外，每個班級都有幾個孩子會想要戴耳罩。詢問其原因，原來是到去年為止，有一孩子出現自閉傾向並且對聲音十分敏感。當那個孩子戴上隔音耳罩後，其他的孩子看了也很感興趣。雖然感興趣的孩子不多，但因為有些孩子想要隔絕聲音，所以所方就根據這些孩子的需求準備了隔音耳罩。

至於戴上耳罩的效果，似乎也說不太上來，可是卻很受到對聲音過敏的孩子們的好評。這家托兒所在午餐時間後會有一小段時間把辦公室的一部分開放給孩子們，因為辦公室比較安靜，所以有些孩子很喜歡待在裡面，這些孩子覺得在安靜的地方比較能冷靜地遊玩。

感受性強的「HSP」

高敏感族群（Highly Sensitive Person, HSP），指的是感受性強的人。對於聲音或氣味的感覺很敏銳，有著比普通人還要強的感受。這些人占了總人口的大約五分之一，其中有的人會因此對生活造成妨礙。戴著耳機的孩子、喜歡一個人玩更勝於跟朋友玩的孩子，或許都可能是對聲音或人的動作過於敏感而產生的反應。

如今兒童的居住環境應該都是比較安靜的環境，因為兄弟姊妹比較少，或者本身就是獨身子、女。這麼一來，待在家裡就可以滿足對安靜的需求。可是托兒所之類的地方是人群聚集的場所，所以對這些人來說可能就太過吵雜了。孩童們聚在一起，一般來說應該會彼此都很興奮、充滿活潑的笑聲或動作，不過以現今的兒童來說，或許這已經不是必然會出現的景象了。

選擇性注意力

孩童在成長過程中，會逐漸學會不受外界刺激影響，把注意力集中在自己關心或感興趣事物上的能力，這種能力稱為「選擇性注意力」。若沒有學會這種能力，就很容易注意力渙散，同時也比較無法持續專心。而孩童與玩伴之間的互動，也有促進選擇性注意力成長的一面。不知道那位戴著耳罩的孩子將來會變得如何，有機會的話真想看看。

第2章

在某些學業技能的學習上有困難

特定的學習障礙症（SLD）、學習障礙（LD）

很容易被誤解為「不夠努力」

所謂特定的學習障礙症（**Specific Learning Disorder, SLD**），與智能障礙（第**48**頁）等智能發展的問題無關，是一種在基本學習能力上出現顯著困難的特質。

本病經常也被稱為學習障礙（LD），但在醫學上的定義與教育上的定義有所差異。醫學上的定義限定在「閱讀（閱讀障礙）、書寫（書寫障礙）及運算（數學障礙）」，但教育上的定義則在這三種障礙上還加了「聽、說、推理」。有的人只會出現一種能力上的困難，有的人則會出現多種困難。

特定的學習障礙症通常是在學習過程中才會發覺，在幼兒時期，因為不會對日常生活造成妨礙，所以並不容易被發現。等到上學之後，隨著年級上升情況會愈來愈明顯，變得在某些學科跟不上課堂上的進度。

由於病童只在特定的學習能力上出現問題，所以經常被誤解為「不夠努力」，然而，特定的學習障礙症其實是腦部功能造成的問題，在課業上落後並非是孩子的責任。這些孩子就算再怎麼想要努力唸書也無法得到效果，更是有不少人因此而失去自信感到受傷。

在「讀、寫、計算」上有困難

閱讀障礙（Dyslexia）

在…很久……很久…以…前…的…某個……地…方……有……一…對……老…公…公……和…老…婆…婆……

- ■要花很多時間去識別文字，並且只能一個字一個字地閱讀。
- ■常常不知道讀到哪裡，或是很容易跳行或閱讀同一個地方。
- ■容易搞錯長得相似的文字。
- ■難以理解單字的意義。

……等

雖然可以流暢地進行日常對話，但對於閱讀寫在教科書等書籍上的文字有困難。沒辦法瞬間識別文字或連貫的單字及文章，並且對於理解內容也有困難。

書寫障礙（Dysgraphia）

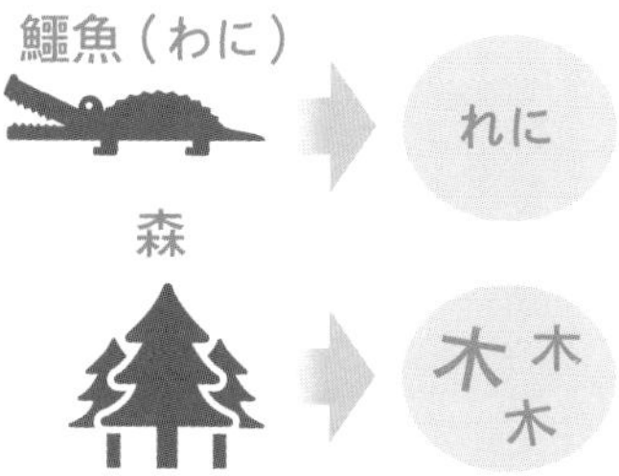
鱷魚（わに）
れに
森
木
木
木

- ■容易把長得相似的文字寫錯，例如日文的「わ」寫成「れ」。
- ■把文字寫成左右相反的鏡像文字。
- ■文字寫得歪歪扭扭不平衡，也不擅長空間配置。
- ■經常文法錯誤。

……等

由於無法順利地構成文字或掌握不住文字的空間結構，無法正確寫下想要寫的文字，也無法順利地抄寫看到的文字。

數學障礙（Dyscalculia）

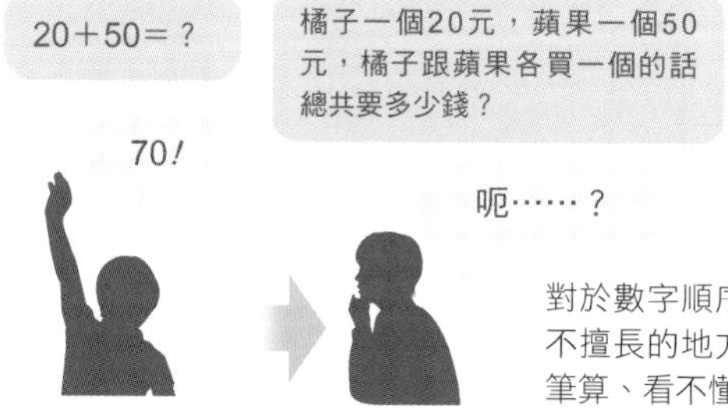
20＋50＝？
橘子一個20元，蘋果一個50元，橘子跟蘋果各買一個的話總共要多少錢？
70！
呃……？

- ■無法正確地數數。
- ■雖然能夠計算，但若是把問題寫成文字就會無法解答。
- ■看不懂圖表。
- ■不善於數學推理。

……等

對於數字順序或計算等數學相關能力很不擅長。根據不擅長的地方會出現能力偏差，例如能夠心算卻無法筆算、看不懂刻度上沒有數字的部分等。

必須家庭及教育現場雙方一起支援

對於特定學習障礙症的孩子，最重要的是周遭的大人們要改掉「努力就做得到」這種簡單的思維。不擅長的學習法再怎麼重複也無法得到學習效果，反而可能會導致孩子出現失去自信、拒絕上學或抑鬱等二次障礙（第78頁）。

正因為如此，大人們必須明確了解孩子在哪些方面出現困難，並配合孩子的特性找出適合的協助方式，營造出一個讓孩子可以積極學習的環境。

例如閱讀障礙，可以選擇使用了通用設計字型（universal design fonts，UD Fonts）的教材，讓文字更容易辨識，或是把一連串的句子以斜線或空隔分開，讓孩子更容易閱讀。而如果是數學障礙的話，在進行二位數以上的運算時，可以把不同位數的數字用不同顏色區分以免孩子搞亂，到了高年級之後，也可以使用電子計算機來進行複雜的運算。

在協助特定學習障礙的孩童時，不只是家庭，學校方面的理解也很重要。這些孩子除了可以在普通班級上課之外，也可以讓他們在特教班上課，或者是平時在普通班上課，但每星期有幾個小時去分散式資源班接受個別或小班制的課業輔導。不論是哪一種情況，老師或輔導員都必須經過研修，家長也必須接受心理教育（第18頁），才能營造出讓孩童容易學習的環境。

另一方面，針對這些孩童，在指導時也應該採用發揚長處、彌補短處的揚長補短教學方式。因為特定學習障礙症的孩童在學習上經常沒有成功的經驗，所以應該從他們做得到的地方開始訂立小的學習階段目標讓他們能夠一步一步地前進，在正向環境下成長，進而提高他們的學習意願。

與特定學習障礙症孩童的相處與支援方式之範例

沒關係，有哪
裡不懂嗎？

找出孩子感到困難的地方

切勿用「想做就做得到」「再多用功一點」之類的話語去責備孩子。如果發現孩子在特定學科落後的話，是因為其中有他感到困難的地方。為了打造出適合的環境，要多關心孩子，儘早找出其感到困難的地方。

對文字的構成或平衡
感到困難的孩子，可以
使用有大格子的筆記
本

選擇適合孩子特質的教材

若是在讀音方面有困難，可以準備把上下左右文字遮住的擋板，讓孩子能夠只專心在閱讀的範圍。若是寫字時對字體的平衡有困難，可以準備大格子的筆記本讓孩子練習，配合孩子的特質選用教材，讓他們在學習時的專注力不容易被打斷。

沒錯喔，是
狗狗
在叫喔！

家長跟孩子說話時也要記得使用正確的文法

對於不擅長說話表達的孩子，首先周遭的大人們平時在跟孩子說話時記得要用正確的說話方式。並且不要否定孩子的說話法，重新用正確的文法或語順說一遍，讓孩子了解正確的說話方式，可以逐漸改善說話沒有主詞等問題。

公認心理師的建議

支援重點在於不要削弱孩童對學習的積極性

人的能力十分多元，每個人擅長與不擅長的事都不一樣。特定的學習障礙症，可以說是展現出人類多元性的一種疾病。

這種多元的能力不只在幼年時期，隨著發育成長之後也很可能得以發揮。即使對某些事情不擅長，但也可能在某些方面特別優秀。為了不破壞這種可能性，在協助孩子時，要特別注意不要讓孩子覺得唸書（或學習）是一件很困難的事。讓孩子們知道，這些做不到的事情並非全部，還有更大、更廣闊的世界等著他們。

第2章

溝通障礙症（CD）

在與他人建立關係時會出現問題的特質

在處理語言時出現困難

溝通障礙症（Communication Disorder, CD）是一種在語言、會話或社交溝通上出現困難的特質。近年來，「溝通障礙」這個詞在年輕人之間很流行，不過這裡的「溝通障礙」只是一種俗稱，單純是指不擅長人際關係的意思，與發展障礙中的溝通障礙症有根本上的不同。

溝通障礙症的特質如左圖可以分成五類，包括在語言學習上有困難的「語言障礙」、在語言發音上有困難的「語音障礙」、無法順暢說出詞句的「兒童期初發型語暢障礙症（口吃）」、難以配合社交場合進行意見溝通的「社交（語用）溝通障礙」，以及上述以外的「未分類型溝通障礙症」。

語音障礙或兒童期初發型語暢障礙症，是孩童的語言能力本身雖然正常，但在想要說話的時候卻無法順利地與對方交談。

因為害怕被人嘲笑而放棄與周圍的人進行溝通，有些孩童會變得對一切事物都失去熱情，學業成績也很不理想。儘管大部分孩童會隨著成長而逐漸自然地改善，但在出了社會之後，對人際關係的不安感依舊會延續下來。

溝通障礙症的五個分類

特質：**語言、會話和社交溝通困難，根據發生的特徵分為5種類型。**

！ 跟俗稱的「溝通障礙」有根本上的不同！

說什麼我們有溝通障礙所以要轉班，這也太麻煩了吧～

語言障礙

■在語彙、文章結構、語法的學習及使用上出現持續性的困難

與同年齡的人相比，在學習說話、書寫、手語會使用到的語言時有顯著的困難。大多與遺傳因素有關，家人之中可能也有語言障礙患者。

能使用的語彙較少
說話表達的模式比較單一
不擅長文章的結構 ……等

語音障礙

■雖然語言能力正常，但在詞句的正確發音方面有困難

和同年齡的人相比，在咬字清晰及發音方面有顯著困難。雖然語言能力正常，但患有語音障礙的人所說的話幾乎無法讓人聽懂。

兒童期初發型語暢障礙症（口吃）

■在開始說話或是對話時無法順暢地說話

重複	延長	首字難發
重複發出聲音或音節	拉長子音或母音的發音	無聲狀態、發聲突兀
早、早、早安	早———安	…………早安

社交（語用）溝通障礙

■有充分的會話能力，但在配合社交情境的溝通方面有困難

①難以在社交生活中進行適當地溝通（例如：打招呼／分享資訊）
②難以根據當下情境或對象進行溝通（例如：跟朋友及跟老師的說話方式不同）
③難以遵循社交對話的規則（例如：在別人說話時回話／說的話被人誤會時改用別的話解釋）
④難以理解曖昧的詞句或不同狀況下帶有複雜意義的話語（例如：慣用句／幽默的話／暗喻）

未分類型溝通障礙症

■雖然不符合上述症狀但在日常生活中的溝通有困難。
■雖然未達到診斷標準，但卻可見到大部分上述列舉的症狀。

不要否定孩童的說話方式

由於每個患有溝通障礙症的孩童表現出來的症狀各不相同，因此在提供支援時，選擇的方法要配合孩童的特質，不可一概而論。

舉例來說，面對兒童期初發型語暢障礙症（口吃）的孩童，與其對話時要儘量放慢速度，讓對方能夠心情放鬆地講話。如果對話時說話速度太快，對方會覺得「我是不是也要用同樣的速度說話才對」而感到緊張。

不過，要特別注意的是，如果直接跟對方說「可以放輕鬆一點說話沒關係」之類的話語，有時可能會造成反效果。由於有些孩童反而會因為緊張而發不出聲音，所以只要慢慢地等他們把話說完就好。除了家庭內的環境支持，讓周遭的人以及學校了解到兒童期初發型語暢障礙症的特性，也是十分重要的一環。

除此之外，在面對語言障礙或語音障礙時，透過語言治療師所進行的語言治療，應該可以讓症狀改善。另外也可以透過家族治療，建立起一個能夠協助孩童語言發展的環境。而如果是社交（語用）溝通障礙的孩童，因為不擅長理解曖昧的表達方式，很容易只接收到語言或文字的表面意義，所以應該要使用具體的言詞，避免使用慣用句或開玩笑。

再來就是，不論是面對哪一種特質，共同的相處方式都是不要當面否定對方。對於沒辦法講出自己想講的話這種事，當事人比誰都著急，如果自己好不容易講出來了卻又被否定的話，孩子的自我評價會低落，對於溝通的欲望也會消失。

當孩子的言行舉止出現問題時，請記得用簡單易懂的方式解釋原因，讓他們知道問題出在哪裡。

與溝通障礙症孩童的相處方式與支援

語言障礙

因為不擅長與人對話，有可能會被周遭的人孤立。除了要讓周遭的人理解這個疾病之外，也要對當事人進行心理關懷，並提供支援讓患者能夠進入社會。

語音障礙

大部分孩童到了7～8歲之後就可以正確地說話。不過如果過了這個年紀症狀仍持續出現的話，就必須進行語言治療等適當的治療方式。

兒童期初發型語暢障礙症（口吃）

由於在緊張或強烈壓力下更容易出現口吃現象，所以要建立起一個讓孩童能夠放鬆的環境。取得學校及周遭之人的理解，不要過度地指責或取笑病童。

社交（語用）溝通障礙

可透過SST（社交技巧訓練）等行為療法，讓孩童學會社交生活所需要的技巧。此外，也要確認是否跟語言障礙或ADHD等病有共病現象。

與自閉症類群障礙中的社交溝通障礙並不相同

社交（語用）溝通障礙與自閉症類群障礙中的社交溝通障礙看起來很相似，但在特質上有所區別。此外，還有多種精神障礙也會有難以溝通的症狀，診斷時必須加以區分。

與溝通障礙症(CD)不同的主要疾患

聽覺障礙	選擇性緘默症	藥物副作用
智能發展障礙	構音障礙	
妥瑞氏症	社交恐懼症	

公認心理師的建議

可利用筆談或機械音等方式來彌補能力上的缺陷

使用語言的會話分成「聽懂語言並加以理解」以及「使用語言與對方溝通」兩個方面。溝通障礙症則是這兩方面中的其中之一或兩者一起出現問題。

然而，溝通並不是只能靠一般會話才能進行。文字、點字、機械音等各式各樣的溝通手段都可以使用。即使其中一種能力出現問題，也可以去尋找能夠彌補的方法。此外，在傾聽溝通障礙者說話時，聽者要接收的應該是對方「想要傳達的內容」，而非「語言的正確性」。

第2章

動作極度笨拙、自殘行為、反社會行為……

其他症狀

與「單純的笨手笨腳」有什麼不同？

除了之前介紹的特質之外，兒童時期容易發生的特質還有發展協調障礙（Developmental Coordination Disorde, DCD）及刻板動作障礙（Stereotyped Movement Disorder, SMD）。

發展協調障礙是不符合年齡或智能發展、在動作協調上有困難的特質。所謂動作協調，就像我們在跳繩的時候，會以「用手轉動跳繩，配合時機用腳跳起來」的方式，將各個運動功能連動起來，整合成一個行為來完成動作。如果發現孩子與同年齡層相比在動作協調方面有顯著困難的話，有可能不是「單純的笨手笨腳」，而是發展協調障礙。不過，兒童時期每個人之間的發育情形相差很大，運動的擅長與否也有可能只是單純的發育差異所造成的。因此，是否真的有發展協調障礙，在診斷上還是要謹慎為之。

另一方面，所謂刻板動作障礙，是與刻板行為（重複做出沒有目的性的行為）有關的一種特質。刻板行為有很多種，從微小的動作到大動作都有，有些動作並不會被特別視為問題。

不過，其中也有會發展成危及他人或自殘行為的動作，如果出現這種刻板行為的話，會嚴重影響到日常生活或社交生活，因此必須要有適當的治療

發展協調障礙（DCD）

特質：雖然身體的各部位機能沒有問題，但在動作協調方面有顯著困難。

動作協調＝將多個動作連動起來形成順暢的運動

■指尖很不靈活

●無法靈活使用鉛筆或剪刀等文具或工具
●經常把東西弄掉
●釦子無法順利扣好
●不太會綁鞋帶 ……等

■身體運動不協調

●走路及跑步的動作很笨拙
●沒有障礙物但經常跌倒
●不擅長做體操或玩遊戲
●無法順利做出投球的動作 ……等

相處方式與支援之範例

■不要執著去克服不擅長的地方，靈活運用便利的產品。

■不要與其他孩童比較，創造機會讓孩童可以純粹享受身體活動的感覺。

對於發展協調障礙的介入以職能治療為主，讓孩童透過遊戲等方式在玩樂的同時幫助動作的協調。此外，因為周遭的人常常不了解這種特質，所以也需要取得周遭之人的理解並關懷當事人的心理健康。

刻板動作障礙（SMD）

特質：彷彿被什麼驅使一樣地重複做出沒有目的性的行為

●持續揮動手臂 ●不停擺手
●重複地開合手掌
●前後搖晃頭部或上半身
●不停地跳來跳去
●原地轉圈圈 ●在同樣的地方不停徘徊
……等

有時會伴隨自殘行為

●咬自己的手指或嘴唇 ●用頭去撞牆壁
●拍自己的臉頰 ●想要戳自己的眼睛
……等

相處方式與支援之範例

■替換成其他行為

如果出現自殘等想要避免的行為，可以利用氣泡紙讓病童以捏破泡泡的行為取代刻板行為。

■給行為附加上指示或條件

對於刻板動作障礙的介入，會進行心理治療之一的行為治療。透過觀察或面談確定已形成問題的刻板行為後，給孩童看良性的示範行為，讓他們透過模仿學會正確行為。

及介入。

發病的年齡愈早症狀愈容易惡化

除了前述的症狀，還有一種精神疾患需要大家特別注意，那就是行為規範障礙症（Conduct disorder, CD）。所謂行為規範障礙症，是反覆做出反社會性及攻擊性的行為，也被稱為品行疾患／品行障礙。

如左圖所介紹的四個模式：「攻擊他人或動物」「破壞物品」「説謊或偷竊」「違反規則」，如果反覆出現這些症狀的話，可能就有行為規範障礙症。根據發病年齡分為兩種型態，未滿十歲的為兒童期初發型，十歲以上的為青少年期初發型。發病初期為持續出現説謊或謾罵等輕度的行為問題，隨著症狀拉長，則會逐漸增強殘酷性或反社會性。

青少年期初發型通常症狀比較輕微，在成年之前比較容易治癒。另一方面，兒童期初發型中也有三分之二的人可以在成年之前治癒，但發病時間愈早，行為問題就拖得愈長，很可能會出現違法行為。另外，注意力不足及過動症（第56頁）中的衝動主導型，經常會與行為規範障礙症有共病現象。在注意力不足及過動症中有一種名為「對立性反抗疾患」的二次障礙（第78頁）會做出謾罵或暴力等行為，當這種疾患惡化之後，就有可能引發行為規範障礙症。

針對行為規範障礙症的治療法，可對本人實施行為療法（如SST）以及對監護人進行心理教育（第18頁）或家長親職訓練（PT）。不過，在治療之前務必要確認監護人自身是否沒有問題，這是因為行為規範障礙症很可能與家庭環境有關，例如疏於照顧或是管教過嚴等都是重要的環境因素。如果有這種情況的話，有時必須採取讓當事人離開家庭，在適當的環境加以保護的方法。

行為規範障礙症（CD）、品行疾患／品行障礙

特質：反覆出現反抗性、反社會性、攻擊性的行為達6個月以上

■攻擊他人或動物

- 對他人或大人口出惡言
- 做出霸凌、威脅、恐嚇的行為
- 經常與人打架
- 使用球棒或刀具等凶器
- 對動物施以殘虐的行為 ……等

■損壞物品

- 破壞他人的所有物
- 打破車子或建築物的窗子
- 縱火 ……等

■說謊、偷竊

- 經常說謊
- 隨意侵入他人的私有地
- 偷竊他人之物或店家的商品 ……等

■違規行為

- 蹺課
- 逃學
- 不遵守校規
- 不遵守門禁時間
- 離家出走 ……等

相處方式與支援之範例

■個別對家長實施親職訓練

對行為規範障礙症的當事人進行社交技巧訓練（SST），並對監護人進行家長親職訓練（PT），使其了解如何與當事人相處。

公認心理師的建議

對於發展協調障礙的孩童，要想辦法讓他們不要討厭運動

對於發展協調障礙的孩童，最重要的是要設法讓他們不要討厭身體活動。平時不要拿他們與其他孩子比較，配合孩子的步調找出擅長的部分給予讚美。此外，家人也可以帶他們去看足球或棒球比賽，透過「看得很開心」這樣的感覺讓他們對運動感興趣。

另一方面，行為規範障礙症很可能與家庭環境有關，反抗性的言行舉止或許是為了求得家人的關愛，家人除了注意家庭環境之外，也不要忽略孩子出現的徵兆。

第2章

發展障礙與二次障礙

一旦周遭的人缺乏理解可能會造成新的精神障礙

內化障礙與外化障礙

有發展障礙的孩童，往往在成長過程中出現新的精神疾患，這種情況稱為二次障礙。

有不少發展障礙的孩童因為身上帶有的特質無法被周遭的人接受，使得心理受到傷害。他們可能因為「旁邊的人都做得到而我卻做不到」而產生自卑感，或是因為「無法融入團體生活」而產生了孤獨感，在各式各樣的煩惱累積之下，導致在精神方面被逼得走投無路，於是以精神疾患發病的形式表現出來。

二次障礙可以大致分為內化障礙與外化障礙。內化障礙是將自己的糾結轉向自身內部而出現的症狀，症狀涉及多個層面，例如人類恐懼症、閉門不出、精神官能症、焦慮症（第102頁）、憂鬱症（第98頁）、雙極性情緒障礙（第94頁）等。另一方面，外化障礙則是會將精神層面的糾結朝向他人發展，例如暴力、離家出走、反社會性行為等，第76頁介紹的行為規範障礙症或對立性反抗疾患也屬於外化障礙。並非所有患有發展障礙的孩子都會出現二次障礙，不過如果出現得早的話，甚至在幼兒期就會出現發脾氣或口出惡言等症狀。由於發展障礙的早期療育能夠預防二次障礙的發生，所以在提供適當支援的同時也必須仔細觀察孩童的行為。

發展障礙者可能出現的二次障礙

發展障礙（先天性）

- ■自閉症類群障礙（ASD）
- ■注意力不足及過動症（ADHD）
- ■特定學習障礙（SLD）……等

負面經驗

虐待　貧困　霸凌　孤立

二次障礙（後天性）

發展障礙（先天性）

- ■自閉症類群障礙（ASD）
- ■注意力不足及過動症（ADHD）
- ■特定學習障礙（SLD）……等

拒絕上學　閉門不出　非行行為
睡眠障礙　憂鬱症　焦慮症
癲癇　依賴症
行為規範障礙症　對立性反抗疾患

因為行為問題而被孤立，造成情緒方面不穩定

各個成長階段容易發病的二次障礙並不相同。在幼兒期及學齡早期，口出惡言、發脾氣、固執等不適應行為會十分突兀，結果讓孩童被周遭的人孤立，到了學齡後期、青春期時，很容易出現自尊感低落、無力感等情緒方面的不穩定。

如果不改變環境的話，心靈的傷害就會不斷增加

如果沒有對發展障礙的孩子提供適當的支援，或是家庭環境不好的話，會讓孩子感受到痛苦的經驗。

不過，其中也有人會因此克服逆境，變得更加成熟，人格發展更為健全。

每個人出現的精神障礙都不一樣

自卑感、孤獨感、無處發洩的憤怒等，所有煩惱不斷累積的後果，就是以精神疾患發病的形式表現出來，也就是二次障礙。

二次障礙是孩童發出的求救信號

環境是導致二次障礙發病的重要因素

發展障礙的二次障礙，通常是因為遭遇了多次的失敗與挫折後才導致發病。

例如ADHD的過動兒，具有「無法長時間坐在座位上」的特質。他們在上課時，因為會不斷地來回走動無法安靜下來，所以會被老師罵，然而，即使如此他們也無法控制自己的特質，於是又因為走來走去再次被老師責罵。接著，又被接到學校聯絡的家長責罵，可是不管自己再怎麼努力，依舊忍不住要動來動去……。就這樣在反覆的惡性循環中，心靈感到既疲憊又受傷，最後引發了精神疾患。

在這樣的案例中，要注意的就是「發展障礙沒有導致二次障礙」。會引起二次障礙的，並非發展障礙的特質，而是不理解這些特質的周遭環境。

為了防止二次障礙的發生，必須為病童提供適當的環境支持。具體來說，就是要針對人（家長、教師等）與物（家庭、學校等）這兩個環境與身為當事人的孩童之間的相互關係，進行環境的調整來減輕孩童的負擔。

在本章所列各個特質的支援方式中，已多次提過要營造適當的環境。得到周遭的理解，配合孩童的特質調整環境，不只能夠緩和發展障礙的症狀，也可以預防二次障礙的發生。和發展障礙一樣，早期發現對二次障礙的治療也非常重要。尤其是如果能在幼兒期就發現，並配合各種特質準備好適當環境的話，很有機會在長期預後中有效緩和症狀並促進心理及情緒的發展。

此外，一旦二次障礙發病時，必須配合症狀進行相應的治療。憂鬱症或焦慮症等代表性的精神疾患治療法會在第3章說明，不過，二次障礙的治療還是要針對環境方面與人際關係這兩個重要因素著手。要關注的地方不只是二次障礙的症狀，還必須包括發展障礙的特質。

營造適當環境是防止二次障礙極為重要的一環

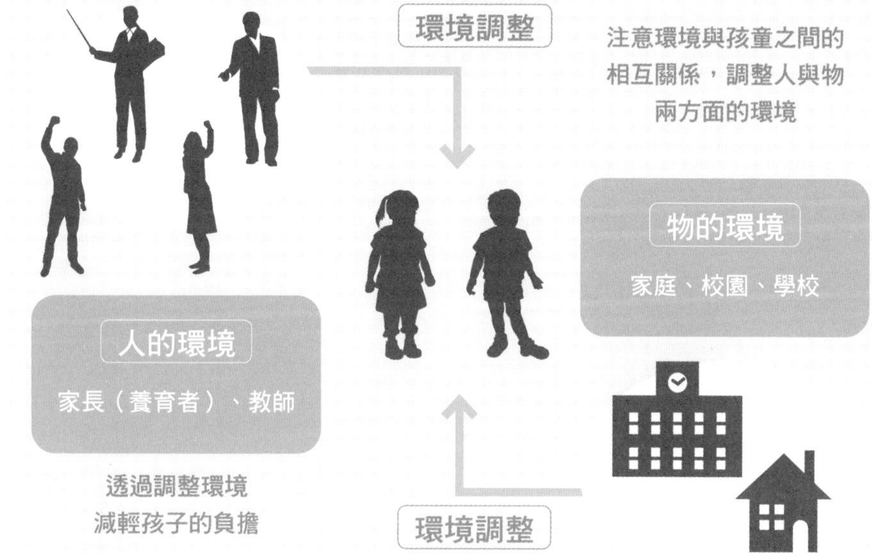

綜合性地納入所有環境

在支援發展障礙孩童以及二次障礙的預防工作上，必須綜合性地把所有與當事人有關的環境都進行調整。需要人的環境（家長、教師等）與物的環境（家庭、學校等）共同合作，在與當事人孩童的相互作用中，調整環境讓彼此適應。

有些發展障礙的病例會直到成年之後才初次被發現

因為人際關係的複雜化導致症狀表現出來

在成長過程中一直沒有察覺到有發展障礙，直到出了社會之後才出現精神疾患，並在接受診斷後才發覺有發展障礙的案例並不少見。會這樣的原因因人而異，可能是症狀本來就比較輕微，也有可能是受惠於周圍的環境。不過，一旦成為社會人士，人際關係會變得更為複雜，也需要更多的社交技巧，在這樣的情況下，原本穩定的症狀就有可能開始變得明顯，並可能因此對生活造成影響。

第2章

與發展障礙有關的深部大腦功能

兩種工作記憶

將訊息暫時存放並處理

近年來，工作記憶（Working memory）這項大腦功能十分受到大眾關注。

所謂工作記憶，是將工作所需的資訊，由大腦暫時保存並加以處理的功能，屬於由短期記憶發展出來的認知心理學概念。

工作記憶分為「語言性工作記憶」及「視覺空間性工作記憶」兩類。

語言性工作記憶的功能在於處理聲音相關的訊息，並將訊息以「心理語言」執行操作（語音迴路）。這方面功能優秀的人，能把聽取到的大量訊息不用抄寫就能夠直接轉換成記憶，光是在腦內就可以進行分析。例如想要記住路線的時候，會以「大門出去後右轉～」這樣的形式，一邊把路線用語言加以記憶與操作，一邊朝向目的地前進。

另一方面，視覺空間性語言記憶的功能則是處理視覺訊息，並將訊息以「心理影像」執行操作（視覺空間描繪板）。這方面功能優秀的人，比起語言，更擅長記憶與分析插畫或記號形成的訊息。在想要記住路線的時候，則會把地圖或標示地點用影像加以記憶與操作，再一邊朝向目的地前進。

語言性記憶與視覺空間性記憶

什麼是工作記憶？

工作記憶是一種暫時性的記憶，可以在大腦思考的時候使用。一般情況下，工作記憶的容量會隨著年齡增長而逐漸增加。

工作記憶分為「語言性」與「視覺空間性」兩類

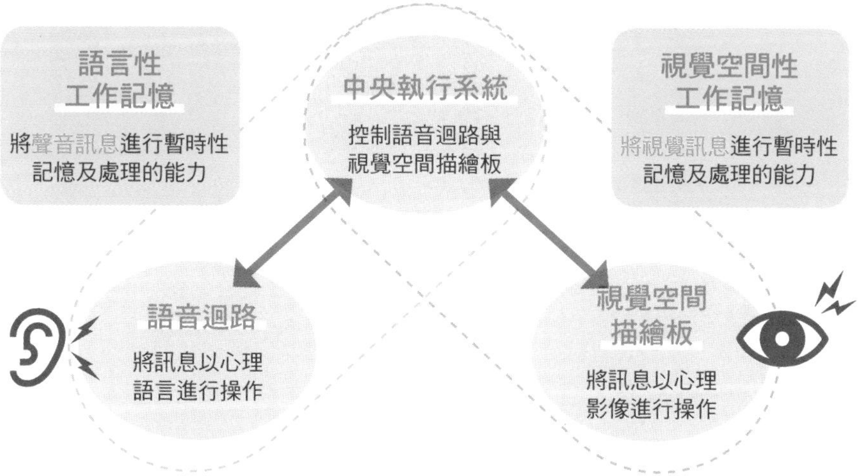
語言性
工作記憶
將聲音訊息進行暫時性記憶及處理的能力
中央執行系統
控制語音迴路與視覺空間描繪板
視覺空間性
工作記憶
將視覺訊息進行暫時性記憶及處理的能力
語音迴路
將訊息以心理語言進行操作
視覺空間
描繪板
將訊息以心理影像進行操作

要記住路線的時候……

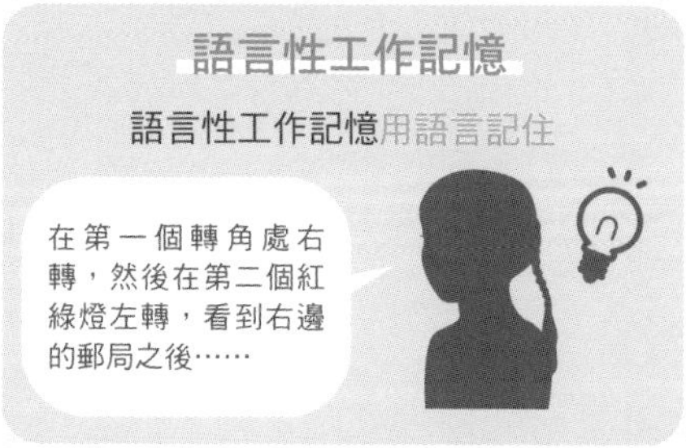
語言性工作記憶
語言性工作記憶用語言記住
在第一個轉角處右轉，然後在第二個紅綠燈左轉，看到右邊的郵局之後……

視覺空間性工作記憶
把前往目的地的路線用影像、位置記住

記不清楚的時候，同時使用語言性與視覺空間性兩種工作記憶，會更容易記下來。

發展障礙與工作記憶的關係

平常我們之所以能夠順暢流利地與他人對話，就是工作記憶的功勞。因為我們可以暫時地將對方說的話記下來並加以理解，接著再推導出適當的回答。

然而，發展障礙孩童的工作記憶功能，很可能在處理能力上有容易遲滯的傾向。

如果在語言性工作記憶的處理過程有延遲的話，就會無法順利理解聲音訊息，於是說出錯誤的回答，或者是容易忘東忘西。而若是視覺空間性工作記憶的處理過程有延遲，就有可能即使看著指針式時鐘也無法立刻理解現在是幾點幾分，或者是沒辦法把體操或跳舞等動作記住。

此外，還有一種說法認為發展障礙孩童的記憶容量，可能比同年齡的人還要少。如果再加上處理能力延遲的話，將無用資訊篩選出來並刪掉的能力也會下降。這樣一來，記憶體馬上就會被塞滿，陷入容量不足的境地。

一旦工作記憶的容量不足，就會無法接收新的訊息。周遭的人看了會產生「這個人怎麼都不聽別人說話」或是「反應慢半拍」的印象，還可能會影響到人際關係。

在對發展障礙的孩童提供支援時，也必須考慮到工作記憶這個問題。必須充分理解到這些孩童很不擅長處理訊息且有容量不足的情況，再找出他們可能會有的困難點，給予適當的支持。

舉例來說，一旦對孩童同時下達好幾個指示的話，他們很有可能就會忘掉其中某個指示。像這種情況，就應該一次下達一個指示，或者是準備檢查清單給他們使用。

記憶體不足的話會影響到學習過程

要能夠同時理解到三件事大概要到七歲左右

工作記憶會隨著年齡增長而增加，孩童在四歲左右時，能夠一次記住兩件事；到了七歲左右時，可以同時記住三件事。必須到了可以同時記住好幾件事之後，才有辦法對事情做出安排。

換上體育服、戴上帽子、在體育館等老師過去。

工作記憶的記憶體不足時會發生什麼事？

無法理解別人說的話

無法判斷訊息是正確的還是錯誤的

↓

有時也可能會出現對立性或挑戰性的態度

語言性工作記憶 弱

經常忘東忘西、不擅長唸出聲音、不擅長作文、無法有條理地說明事情……等

視覺空間性工作記憶 弱

不擅長寫字、不擅長心算、不擅長將眼前看到的事情傳達給他人……等

對於患有發展障礙或智能障礙的人，若是能同時使用語言性工作記憶及視覺空間性工作記憶這兩者來傳達事情，會比較容易讓記憶留在他們的腦裡。所以要對他們下達指示時，不要只用口頭傳達，最好一起搭配照片或插畫等視覺訊息來對他們進行說明。

孩子一定會發生改變

孩童的轉變與成長

從剛出生的嬰兒開始，孩子不斷地在成長，也就是說，孩童時期是一個不斷成長、變化的過程。就算得了感冒，大部分也都會自然痊癒，從這個意義上來看，孩子並不會停留在原地不動。當然，一定會有因為生病而無法自己長大的孩童，不過，大多數的孩子都不會就此停留在原地。

孩童們很喜歡畫畫，從他們所畫的內容也可以看到隨著年齡出現的變化，可以說是一個能夠明確看清成長過程的寶貴瞬間。從繪畫的成長歷程，能知曉孩子們對事物的看法與掌握方式。看著運動的孩子也是一樣，一歲的孩子到了兩歲之後就會表現出不同的身體動作。隨著五歲、八歲、十歲，隨著年齡增長，能做到的動作會變得愈來愈厲害。

診斷只是截取當下的那個「瞬間」

沒有孩子不會發生改變，他們會在展現出成長與發展的同時，也一直不斷地在改變。周圍的大人們預測著孩子們的成長，並對此感到高興，孩童們的成長可以說是能夠讓周遭的人感到幸福的存在。

然而遺憾的是，一旦孩童被診斷出有發展障礙，很多人就會把他們視為「障礙兒」。即使是在嬰幼兒期下的診斷，在孩子長大之後也依舊牢牢地跟著他，因為有「什麼什麼症候群」，所以才會出現「什麼什麼特徵」，孩童時期診斷出來的病名，就像標籤一樣甩都甩不掉。

如果是蛀牙之類的疾病，牙醫會根據狀態判斷出「C2（註：侵蝕到牙齒象牙質，中度蛀牙）」之類的結論，再透過結論決定好具體的治療方針。而根據這樣的判斷，也能夠預見之後的狀態好轉不再惡化以及痊癒的結果。從同樣的觀點來看，專家必須具備從當下的狀態來預測將來的能力。然而，發展障礙這種疾患，很少能明確地看到孩子將來會是什麼樣子。或許是因為如此，由於一直只有自己的負面狀態被表現出來，所以孩童或是青少年很難用肯定的態度看待自己。

不要讓「診斷」成為強加上去的標籤

在最近的護理世界裡，出現了一種名為健康人文（health humanities）的思維。在這樣的思維裡，疾病並非是「病」而是一種「經驗」。把疾病理解為經驗，就不會只是感到苦惱，而是會產生自己可以度過的感覺。在幼兒期顯示出發展障礙特徵的孩子，會根據自己經驗過的事而產生變化。如果狀態惡化，可以說大多都是因為環境所造成的。相處方式上的偏差會導致狀態惡化，這種惡化不是發展障礙所造成的，而是在養育方式上出現了問題。

疾病，被認為是一種在精神上或身體上孱弱的狀態。在被告知病名的時候，彷彿就像是給人刻印了一個弱者的符號一樣。從這個意義上來看，診斷出有發展障礙的問題，也可以說就是給人強加一個弱者的名號。一旦被強加診斷名稱，這種被視為是弱者的認知就愈容易固化。直到最近，終於有人發現發展障礙其實也是一種天賦，然而，這些特別的才能被看到的只是一部分而已，眾人的偏見至今仍沒有改變。

專家的診斷其實是給孩子裝上了框架

賦予診斷名稱，其實是專家將孩子裝上框架以試圖了解對方的一種方式。然而，孩童原本就會說出大人無法理解的話、做出大人無法理解的事，這些吵鬧和躁動，是孩子們的本性。或許是因為大人無法了解孩子為什麼要做出這些讓人不愉快的事情，所以想要取名為「發展障礙」。當然，小孩畢竟不是縮小版的大人，他們必須在累積各種經驗的同時不斷地成長才能成為大人，自然也一定會有欠缺的部分。

有些孩子的狀態，也的確有著「障礙」的情況，他們需要特別的照顧，也必須根據他們的狀態採取適當的應對方式。然而，要把人類適當地加以區分是很困難的，而且每個人的區分方式也不一樣。

雖然找出人與人之間的差異並據此改變應對的方式是一件極難辦到的事，然而，在區分的方式上是不容許模糊不清的。尤其是在醫療領域上，更是擺脫不了「誤診的問題」。一旦誤診，可能會影響到別人的人生道路，所以完全不容輕忽。

醫療的作用，是基於適當的診斷，減輕讓人困擾的症狀並加以治癒。如果孩童實際上沒有問題，那些隨著自然的成長過程就會不再明顯的特質卻被過度關注的話，對本人來說只有害處而已。

我認識一位青年，他在幼兒時期就被診斷有發展障礙。由於沒有智能上的問題，所以他接受的是一般的教育。然而，也不能說他接受的是適當的教育，因為還留有一些特別執著的部分，所以是在障礙者的圈子裡工作。這樣的他非常喜歡看電影，一個星期會去電影院二到三次。喜歡的電影類型十分多元，一聊起這方面的事，有時就會很狂熱地聊個不停。他對電影十分了解，但他熱衷的樣子被認為是一種「執著」，也被偏頗地認為「因為有發展障礙才會如此」。他對電影的熱愛，只因為被診斷為疾病而不被他人理解，這難道不是一件很令人遺憾的事嗎？

第3章

成年人容易出現的心理問題

第3章

思覺失調症（SZ）

思考或行為無法整合

對日常生活與社交生活造成困難

思覺失調症（Schizophrenia），是一種思維難以整合的精神疾患。思覺失調症在日語中稱為統合失調症，而日語中的「統合」是指將大腦各種作用整合在一起的能力，因此指的是一種該能力失衡的狀態。

代表性的症狀為出現幻覺與妄想的「正性症狀」。明明沒有任何人卻聽見有人在罵他，或者是對不可能發生的事情深信不疑，由於言行舉止會出現明確的症狀，所以周遭的人很容易就能發現。另一方面，還可能會有情緒表達變少或是活動欲望下降等症狀，則屬於「負性症狀」。

此外，還有一種認知功能退化的症狀稱為「認知功能障礙」，不過，思覺失調症的主要症狀還是正性症狀與負性症狀這兩類。然而，常常會有幾乎不顯現正性症狀的病例，一旦只有負性症狀明顯展現出來，就會很難與症狀類似的憂鬱症（第98頁）區別。由於思覺失調症與憂鬱症的治療方法不同，因此在診斷上必須十分謹慎。

根據日本厚生勞動省統計，日本的思覺失調症患者約有八十萬人，盛行率約為百分之零點六，發病年齡大多在十幾歲後半到三十五歲。

發病的原因至今不明，腦內多巴胺分泌過多可

思覺失調症的症狀

正性症狀

思覺失調症的特徵性症狀為出現幻覺與妄想的正性症狀

幻覺

對現實不存在的事物感覺
就像真的存在一樣的症狀

幻覺中最常出現的，是聽到有人命令他或是有人罵他的幻聽。其他還有看到不應該存在的事物的幻視、感受到不舒服臭味或味道的嗅覺幻覺或味覺幻覺。

妄想

相信毫無根據的錯誤內容，
而且不接受別人糾正的症狀

深信「有人在監視（偷拍、監聽）自己」的被害妄想，或是深信「電視上或收音機裡在討論自己的話題」的關係妄想，無法進行客觀性的判斷。

負性症狀

**對什麼事情都失去興趣、
缺乏情緒表達**

無法順利表達喜怒哀樂／對工作或學業沒有動力／對愛好失去興趣／社會性下降變得經常閉門不出／對洗澡、換衣服等外表儀容不關心……等

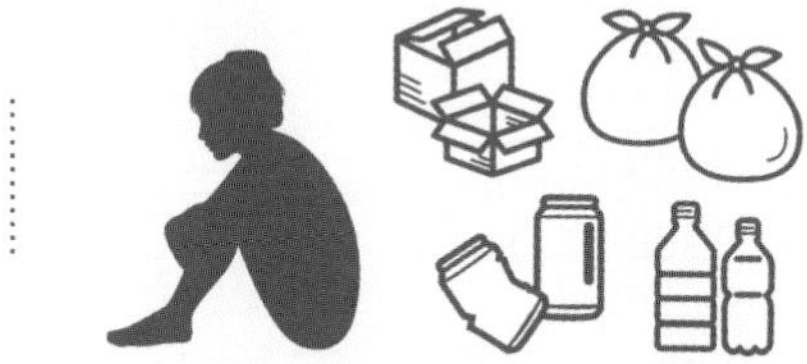

除了出現缺乏情緒的「情緒遲鈍」症狀，還可能對所有事物變得毫不關心或缺乏動力，對人際關係感到厭煩，經常把自己關在房間裡閉門不出。

認知功能障礙

**注意力、記憶力、判斷力等
認知能力下降**

對周圍的說話聲或照明光線過於在意，無法專心在該做的工作上／無法記住新工作的流程順序／無法同時處理多項工作／無法進行歸納整理／忘記自己原本打算要做什麼……等

一旦認知功能下降，就會變得無法處理事情。由於在學業、工作、人際關係等生活上的一切事物都會受到嚴重影響，症狀愈是明顯，病患就愈需要花更多時間才能回歸社會。

能是其中一個重要因素。

讓病患能夠與症狀長期共存的支援

由於思覺失調症的代表性症狀為幻覺與妄想，因此，發病的本人很難察覺到自己患有思覺失調症，因此包括家人在內，周圍的人必須要能早期發現此病。

思覺失調症的治療方法基本上會同時併用藥物治療與心理社會治療。藥物治療中的抗精神病藥物雖然能改善正性症狀，但畢竟只能算是對症治療，不能期待其具有根本性的治療效果。儘管因為個體差異不能一概而論，但思覺失調症需要很長的時間才能復原。

一旦正性症狀因為藥物而減緩之後，負性症狀或認知功能障礙就會開始出現。此時能夠讓這些症狀穩定下來，並且能有效讓病患恢復社會生活功能的治療方式，就是心理社會治療。

心理社會治療會透過心理治療、心理教育與復健治療三個管道進行，根據症狀的穩定狀況，採用適當的治療方式來支援病患。

此外，針對「思覺失調症之認知行為治療（CBTp）」也是有效的治療方式，該治療法能提高患者的自我監控（self-monitoring）功能，察覺自己的正性症狀，讓病患學會如何與疾病共存。

在協助思覺失調症患者時，理解當事人的心情十分重要。由於不論是正性症狀還是負性症狀都會讓患者難以與他人溝通，有時因為孤獨感或急躁感會讓患者併發其他精神疾患。因此，不只要對當事人進行心理關懷，也要對其家人進行心理教育。

在過去，對於重度思覺失調症患者的治療，常會有強制病患長期住院的情況。不過現在已更加重視讓患者回歸社區生活的方式，由多種職業組成的專家團隊進行訪問支援的「主動式社區治療（ACT）」也已逐漸推廣開來。

思覺失調症的治療

藥物治療與心理社會治療必須互相配合

藥物治療

使用抗精神病藥物抑制症狀

抗精神病藥物能抑制多巴胺的作用，對於主要的正性症狀具有改善效果。

心理社會治療

進行心理治療與心理教育

透過心理治療、心理教育與復健治療，讓病患學會如何與疾病相處，達到回歸社會的目的。

心理社會治療

精神治療：透過支持性心理治療或團體心理治療來改善症狀

心理教育：教導患者及其家屬有關疾病或治療方面的知識

復健治療：透過SST（社交技巧訓練）或職能治療來幫助患者恢復社交與生活技能

心理治療方面，可進行心理諮商之一的支持性心理治療、讓患者學習適當行為的認知行為治療、以及由懷有相同煩惱的患者們彼此對話的團體心理治療。復健治療方面，除了可以進行SST（社交技巧訓練）幫助患者恢復社交與生活技能，還可利用電腦的專用軟體來幫助患者恢復認知功能。

公認心理師的建議

目前仍不清楚人類會幻想或看到幻覺的原因

人類的大腦功能十分複雜，除了具有能夠確切認知現實的「定向力（指的是對時間、地點、周圍環境等狀況的掌握及理解能力）」功能，也可以在夢中看到不思議的世界。

自古以來，人類就知道有幻想或幻覺這些概念，因此，人類會尊重或相信神話或故事裡的世界。至於為什麼人腦會幻想或看到幻覺，原因至今仍不明瞭，不過，在思覺失調症的治療裡，仍可透過藥物治療或心理探索來得到改善。

第3章

雙極性情緒障礙（BD）

強大且激烈的「情緒波動」影響到正常生活

反覆出現情緒高昂與情緒低落

雙極性情緒障礙（Bipolar disorder, BD）是一種反覆出現情緒高昂活力旺盛之「躁期」與情緒低落沒有活力之「鬱期」的心理疾病。在過去，因為病患會在躁期與鬱期之間反覆交替，所以被稱為「躁鬱症」，現在則是因為此病會出現兩種極端的精神狀態，因此稱為雙極性情緒障礙。

在情緒高昂活力旺盛的躁期中，程度較輕的稱為「輕躁期」，躁期與鬱期同時發作的稱為「混合期」，兩種症狀都沒有出現的正常時期則稱為「緩解期」。

在《DSM-5》的診斷標準中，雙極性情緒障礙分為狂躁期與鬱期（也可能沒有）皆會發作的「第一型雙極性情緒障礙」，以及只有輕躁期與鬱期會發作的「第二型雙極性情緒障礙」兩種。不過，也會有不符合這個診斷標準的情況，此時會分類為未分類型雙極性情緒障礙或是「循環型情緒障礙」。

雙極性情緒障礙的特徵是病患會在症狀發作與沒有症狀之間交替，症狀會持續數個星期到三～六個月。從症狀消失到下一次症狀出現的期間為一個周期，時間長短依患者的狀況各有不同。此外，躁期與鬱期一直輪流出現的病例並不多，大部分的情

雙極性情緒障礙的兩種症狀

躁期的特徵

- 情緒高昂
- 容易發怒
- 睡眠時間減少、不睡覺
- 變得多話
- 思緒變快，不斷有新的意念出現
- 精力過於旺盛
- 過度自信，覺得自己無所不能
- 浪費金錢在購物或賭博上
- 性慾奔放無節制

躁期的狀態為情緒高昂、精力極端旺盛

病患在躁期發作時，本人會深信自己精神狀態非常好，所以不會認知到自己的行為異常，因此也不會覺得自己的行為對周圍的人造成困擾，這個時候如果指出病患有問題，可能會讓他極為憤怒並發生衝突。此外，過度浪費也可能造成金錢上的問題。

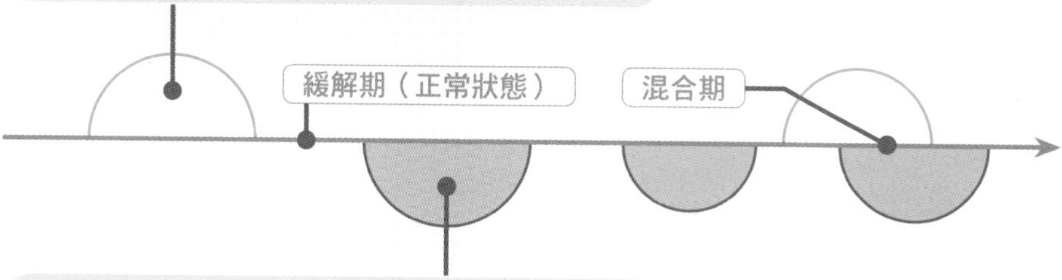

鬱期的特徵

- 情緒低落
- 態度消極沒有活力
- 絕望感或孤獨感
- 睡眠時間增加
- 容易疲勞
- 思考變得緩慢
- 活動力下降
- 自我否定
- 有想死的念頭

鬱期的狀態會變得情緒低落，對任何事情都失去興趣

病患在鬱期發作時，會有表情陰暗、反應遲鈍、焦慮不安等外在變化出現，周圍的人通常可以會察覺到。此外，如果同時出現動不動就哭（突然哭泣）、飲酒量增加、經常責怪自己等行為上的變化時，就要考慮可能是鬱期發作或憂鬱症，在應對上也需要更加謹慎。

第一型雙極性情緒障礙	狂躁期與鬱期（也可能沒有鬱期）
第二型雙極性情緒障礙	輕躁期與鬱期

況下症狀會偏向其中一方。

躁期發作時本人不易察覺

病患在躁期發作時會出現許多種行為上的特徵，包括情緒高昂精力旺盛、過度自信、變得多話、對什麼事都很感興趣但興趣都不長久、注意力渙散、亂買東西、賭博、性慾旺盛、容易發怒等。不過由於本人深信自己處於「絕佳的精神狀態」，因此不會察覺到自己行為上的異常。結果就是在人際關係上出現問題或是與旁人發生衝突，還會有被別人無理對待的被害感。

若是處於輕躁期的話，雖然症狀不會有前述那麼極端，但同樣會洋溢著活力與創造性，並且會有情緒陰晴不定、注意力渙散、容易生氣等特徵。

另一方面，病患處於鬱期時，會有情緒低落導致沒有活力、感到強烈地悲傷、心中有絕望感或罪惡感、思考能力變差、動作緩慢等情況。除此之外，還可能會有睡眠時間增加、食慾增加或減少，並伴隨著體重增減的情形發生。這些症狀基本上與憂鬱症十分相似，但憂鬱症有時會有輕微的幻覺或妄想發生。

讓病患願意接受治療的心理教育

在雙極性情緒障礙的治療方面，由於躁症患者經常不覺得自己生病了，所以會有不願意接受治療的問題。為了避免這種情況，「心理教育」就成了非常重要的一環，如此才能讓患者自身對疾病有正確的了解並接受適當的治療。接下來，就是透過藥物治療中的「情緒穩定劑」「抗精神病藥物」及「抗憂鬱劑」等藥物、心理治療中的「認知行為治療」及「家族治療」等方式、以及社會治療中的「睡眠穩定」及「生活作息穩定」等方式達到治療效果。

雙極性情緒障礙患者的相處方式、支援與治療

必須讓覺得自己很正常的躁症患者接受治療

躁症患者因為並不覺得自己有心理疾病，所以幾乎都不願意接受治療，如果有人建議他去就醫的話也經常會發怒，這時候必須想方設法讓對方去就醫，例如以失眠或睡眠不足等身體方面的問題為理由説服對方。

心理社會治療

- 心理教育
- 認知行為治療
- 睡眠穩定
- 生活作息穩定

心理教育是為了讓患者對症狀有正確理解，知道自己生病了並願意接受治療。認知行為治療是因為患者在鬱症發作時對任何事都會採取負面思考，所以要訓練他們能正面思考。此外，睡眠或生活作息紊亂會讓症狀惡化，因此必須協助他們改善。

藥物治療

- 情緒穩定劑
- 抗精神病藥物
- 特定的抗憂鬱劑

藥物治療會使用到情緒穩定劑、抗精神病藥物及特定的抗憂鬱劑。藥物治療的基本藥物為情緒穩定劑，可以在躁症及鬱症的治療及預防上發揮效果。此外，針對躁症會將抗精神病藥物與情緒穩定劑一併使用，針對鬱症則會使用特定的抗憂鬱劑。

公認心理師的建議

在面對雙極性情緒障礙時不要忘了也要對患者家屬進行了解及心理關懷

雙極性情緒障礙患者在躁症發作時，會有浪費金錢以及自認自己是萬能的而隨意簽約的危險，在鬱症發作時，則會有自殺的危險，因此，家人或是周遭的人必須確實地照看他們。此外，就跟其他心理問題一樣，除了案主之外，也要同時了解家屬的狀態並給予關懷。由於患者可能會對配偶或子女莫名其妙地責罵，或是毫無理由地抗拒或否定，因此，也必須關懷配偶或子女的心理狀態。對於雙極性情緒障礙的治療，除了心理教育、認知行為教育、改善生活作息等心理社會治療外，使用情緒穩定劑與抗精神病藥物的藥物治療也是有效的治療方式。

第3章

近年來有增加傾向的代表性情緒障礙

憂鬱症／重度憂鬱症（MDD）

在心理與生理發生各種不同症狀

憂鬱症／重度憂鬱症（Major Depressive Disorder, MDD），是「情緒障礙」這種心理疾病的其中之一。根據「世界衛生組織（WHO）」二〇一七年的調查顯示，憂鬱症患者大約有三億兩千兩百萬人，占了全世界人口的百分之四點四，在日本的調查也顯示，約有百分之六的人在人生當中發生過一次憂鬱症。因此，這應該算是一個經常成為話題、廣為人知的心理疾病。

一旦罹患憂鬱症，病患幾乎每天的情緒都很低落，也不會出現開心、高興、悲傷的情緒。對於過去的喜好變得不再有興趣，也享受不到其中的愉快。此外，還會有注意力渙散、沒有動力或活力等情況，以及心中充滿絕望感、自卑感、孤獨感、無力感、不安感、焦躁感等負面的情緒。

憂鬱症的特徵，在於不只會出現前述的精神症狀，也會有需求方面的異常例如失眠、嗜睡、食慾減少、食慾增加、性慾消失等，同時在生理方面也會出現疲勞感、倦怠感、心悸、暈眩、頭痛、肩膀僵硬、便祕、下痢等症狀。

憂鬱症的症狀一旦惡化，很可能會出現「自殺念頭」，腦中充斥著「不想活了」「沒有價值的自己就不該活在世上」這類想法。一旦演變成這種狀

憂鬱症的症狀

生理症狀

- 失眠、嗜睡
- 食慾減退、食慾過剩
- 性慾減退
- 勃起功能障礙
- 生理期不順
- 性冷感
- 疲勞感
- 倦怠感
- 心悸、暈眩、頭痛、肩膀僵硬
- 便祕、下痢　等

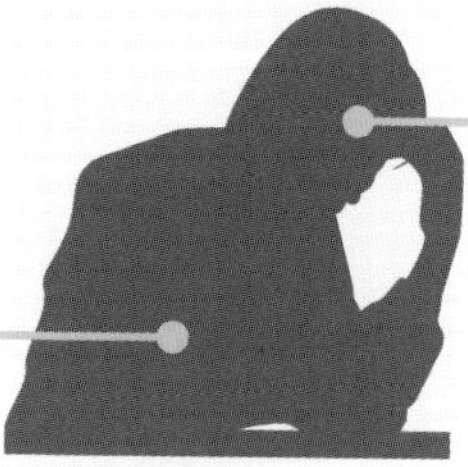

憂鬱症的症狀會出現在身、心兩個方面

雖然憂鬱症的核心症狀為情緒低落、失去欲望、沒有活力等精神方面的症狀，但幾乎也都會同時在生理方面出現症狀，例如失眠或嗜睡等睡眠障礙、倦怠感等。

精神症狀

- 情緒低落
- 情感喪失
- 專注力下降
- 失去興趣、沒有活力
- 思緒散亂
- 絕望感、自卑感、孤獨感、無力感、不安感、焦躁感
- 活動力降低
- 變得沉默寡言
- 自殺念頭、企圖自殺
- 煩躁不安　等

經前不悅症（PMDD）

在月經前出現抑鬱症狀、不安感、煩躁等症狀

只要是來過初潮的女性隨時都有可能發生的心理疾病，主要症狀包括情緒低落、不安、緊張、情緒不穩定、易怒。這些症狀在月經前強烈出現，並在月經結束後就消失。

持續性憂鬱症（PDD）

持續出現比憂鬱症輕微的抑鬱症狀達兩年以上的慢性病

持續性憂鬱症是一種慢性的情緒低落，患者對什麼事情都提不起興趣，且症狀持續兩年以上。症狀雖然與憂鬱症類似但較為輕微，有不少案例會被歸類為性格問題。

高齡者憂鬱症

由於症狀與認知障礙相似而不易診斷出來

高齡者因為經歷過較多家人死亡、身體不舒服、生病等痛苦的事件，更容易發生憂鬱症。此外，經常會有認知障礙與憂鬱症合併出現的情況，並且在認知障礙初期階段也有可能出現憂鬱症狀。

非典型憂鬱症（AD）

出現與以往憂鬱症相反症狀的新型憂鬱症

情緒波動很大，對好事會有愉快的心情，但是在傍晚到晚上這段期間會變得容易情緒低落。另外，會出現食慾增加或過度睡眠等症狀。患者通常是二十幾歲到三十幾歲的女性。

態就會非常危險，根據美國梅約醫學中心（Mayo Clinic）J. MICHAEL BOSTWICK教授的研究顯示，重度憂鬱症患者的終身自殺率高達百分之八點六，如果患者有透露想要自殺的念頭，或是實際上已採取行動企圖自殺時，就必須讓他們住院，在有人監控的情況下治療。

腦中掌管情緒的部分功能低下

根據近年的研究，憂鬱症可能是因為精神上或生理上的壓力等原因，造成腦內的神經細胞在傳遞訊息時出現問題，讓掌管情緒或意志的部分發生異常無法正常作用所引起的。

我們的腦中有各式各樣的「神經傳導物質」，負責在神經細胞與神經細胞之間傳遞訊息。其中之一的「血清素」，負責控制與喜悅、快樂等情緒有關的「多巴胺」以及與恐怖、驚訝有關「正腎上腺素」這兩種神經傳導物質的訊息，並且還具有讓精神穩定下來的作用。而當這種負責傳遞與人類情緒相關訊息的神經傳導物質因為各種因素而功能下降時，就有可能造成憂鬱症。

至於會成為發病原因的精神或生理壓力，可能來自家人、戀人或好友等重要之人的死亡或分離、工作或財產等重要事物的喪失、職場或家庭人際關係出現問題、家庭內的糾紛等痛苦或悲傷的體驗。不只是這些負面體驗，即使是升學、就業或結婚等正面的體驗，這種環境變化所形成的壓力，也可能成為憂鬱症的發病原因。

由於憂鬱症的病例眾多，所以已有很明確的治療方式，包括學習面對壓力的心理治療、身心的修養、改變環境遠離壓力、以及使用抗憂鬱劑的藥物治療，是治療憂鬱症的四大支柱。

憂鬱症患者的相處方式、支援與治療

心理治療	休養	改善環境	藥物治療

學習如何 面對壓力	讓身心確實 得到休養	在遠離壓力 的環境下生活	遵從醫囑服用 抗憂鬱劑等藥物

心理治療

認知行為治療：
改善對事物的思考方式，
養成能夠面對壓力的心理。

人際關係治療：
透過改善人際關係的問題來減輕壓力

憂鬱症患者很容易用負面的思維來看待事物，並因此形成壓力讓情緒更為低落，此時可透過認知行為治療來訓練患者改用正面思維來看待事物。此外，人際關係治療則是聚焦在與他人之間的相處方式，透過在不同情況下，讓情緒、行為、關係性發生變化的方式來解決問題並且讓患者學會應對方式，這也是憂鬱症治療的標準心理治療法之一。

公認心理師的建議

憂鬱症是需要長時間才能恢復的疾病，因此切勿焦急，應一步一步地專注在治療上

雖然目前已知憂鬱症是由多種原因所引起的，但大多數案例的病因還是來自於心理承受到的壓力。一旦處於抑鬱狀態後，就需要長時間的治療才能完全恢復。因此，為了能夠回歸社會，在治療上就不能躁進，必須一步一步地努力進行。由於是非常主流的心理疾病，所以很多人都知道有憂鬱症，面對病患也可能會採用常見的相處方式，然而，隨意的鼓勵性言語有時卻可能會讓病患症狀惡化，一旦症狀惡化，病患就有可能企圖自殺，所以周圍的人在與病患相處時一定要十分謹慎。

第3章

過度的焦慮與恐懼影響到正常生活

焦慮症（AD）、恐慌症（PD）

避開引發焦慮之事物的迴避行為是焦慮症的特徵

焦慮不安這種情緒，是我們為了能夠避開危險而具備的重要功能。然而焦慮症（AD）患者的焦慮程度則是超越了一般限度，並且已經妨礙到了日常生活。病患一旦感到焦慮不安時，就會湧現出自己無法控制的強烈恐懼感，並出現心悸、呼吸困難、頭暈目眩等症狀。這些症狀一旦長期持續出現，患者就會做出迴避行為，來避開那些造成自己焦慮不安的事物，這也是焦慮症的特徵。焦慮症根據引發焦慮的事物可以分成好幾類，例如害怕在人前被批評的「社交恐懼症／社交焦慮障礙」、害怕無法立刻逃離的場所或狀況的「廣場恐懼症」等，「恐慌症」及「創傷後壓力症候群（PTSD）」（第108頁）也屬於焦慮症的一種。

恐慌症是一種某天在沒有任何預兆的情況下突然感到強烈的焦慮不安，伴隨著心悸或暈眩等生理症狀，並感受到「這樣下去自己是不是就要死了」的恐懼感。這種突發性的焦慮稱為恐慌症發作。一旦歷經多次恐慌症發作後，就會發展成「自己是不是又要發作了」的預期性焦慮，最後還會陷入「不想去發作時無法逃離的地方」的廣場恐懼中。

焦慮症的主要分類

廣泛性焦慮症（GAD）

沒有特定對象，即使自己很健康也會擔心「如果生病了怎麼辦？」，聽到家人出門也會擔心「會不會遭遇事故？」，對所有活動或事物都感到強烈的不安與恐懼。

特定對象恐懼症（SP）

懼怕高處、打雷、動物、打針等，對於特定的狀況或對象感到強烈恐懼。一般來說女性發生的比例高於男性。

分離焦慮症（SAD）

對於跟家人等自己依戀的人要分開這種事感到強烈不安，大多發生在幼兒時期，例如孩童在離開母親的時候會哭叫，但成年人也可能會發病。

社交恐懼症（SAD）

不擅長在眾人面前表現，對於要進行演講或報告有強烈恐懼。甚至很抗拒跟不熟悉的人一對一見面，也被稱為「人群恐懼症」。

廣場恐懼症（Agoraphobia）

對於人群或電車等無法立刻逃離的特定場景感到強烈不安。一旦症狀惡化，連出門都會感到害怕，因此也稱為「外出恐懼症」。

恐慌症（PD）

從恐慌症發作開始，會出現預期性焦慮或廣場恐懼症等症狀

恐慌症發作
突然感到沒有理由的強烈不安與恐懼

▼

預期性焦慮
無法消除「是不是又要恐慌發作了？」這樣的焦慮

▼

廣場恐懼症
對於發作時無法立刻逃離的場所感到恐懼而迴避

「恐慌症發作」是一種感到強烈恐懼、不安、心悸、呼吸困難的症狀，容易發生在公共場所或電車內等場景。一旦惡化發作頻率會更快，最後連對「外出」本身都會感到害怕。

認知行為治療可有效改善

針對焦慮症、恐慌症的發生原因，雖然目前已認為可能與壓力反應出現障礙、大腦功能發生問題或是遺傳因素有關，但至今仍處於研究階段而沒有明確的答案。

在治療方面，由藥物治療加上心理治療的組合方式可以有效改善此病。

在藥物治療方面，以開立抗憂鬱劑與抗焦慮劑的處方為主。由於焦慮症、恐慌症與憂鬱症（第98頁）一樣都與血清素有關，所以藉由抗憂鬱劑來增加血清素的濃度可以達到讓心緒冷靜下來的效果。另一方面，抗焦慮劑具有速效性，因此可以用來控制突發性的焦慮。不過，有些藥物具有依賴性的副作用，為了避免發生藥物依賴性，應儘量不要長期服用，並且也要隨時注意以防萬一。

在心理治療方面，認知行為治療可以得到良好的改善效果。這種方式可以幫助患者在面對讓自己焦慮不安的事物時改變想法，修正為適當的認知方式。除此之外，暴露療法（exposure therapy）也有機會讓症狀得到改善。

另外，近年來「慈悲焦點治療（Compassion Focused Therapy, CFT）」這種新的認知行為治療也十分受到關注。Compassion為「慈悲」或「同情」之意，是一種透過培養能夠察覺自己或他人苦處並加以排除的慈悲心，讓症狀得以減輕的治療方法。

而在對焦慮症、恐慌症患者提供支援時，也要把家屬包括在內，這是因為在當事人為症狀所煩惱的同時，他的焦慮也可能傳播給一起生活的家人。

有不少患者對於家人可能會出現攻擊性行為或強烈的依賴行為，造成家人疲憊不堪，因此也需要協助他們改善關係。

焦慮症、恐慌症的治療

▼基本治療方式為藥物治療與心理治療並用▼

焦慮症的治療

藥物治療

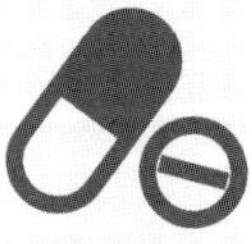

除了開立抗憂鬱劑或抗焦慮劑之外，有時也會根據症狀開立安眠藥等藥物。

心理治療

■認知行為治療
■暴露療法
■心理教育

透過認知行為治療，可以矯正患者對引發焦慮對象的錯誤認知。暴露療法是一種重現引發焦慮的場景，訓練患者去習慣刺激的治療方式。此外，對於所有的焦慮症，能夠緩和過度緊張的放鬆訓練法也很有效。

恐慌症的治療

藥物治療

抗憂鬱劑中的SSRI選擇性血清素回收抑制劑（selective serotonin reuptake inhibitors）已確認對恐慌症也有效，另外也會開立抗焦慮劑來治療。

心理治療

■認知行為治療
■暴露療法

恐慌症發作時產生的「說不定自己會死」的認知，可藉由認知行為治療來進行矯正。此外，也可以使用與其他焦慮症相同的暴露療法來治療，不過為了避免造成恐慌症發作，最好使用階段性的暴露療法，一步一步讓病患習慣自己會害怕的狀況。

公認心理師的建議

雖然過度焦慮會造成問題，但完全不會感到焦慮也是一種危險

我曾經遇過一個完全不會感到焦慮不安或恐懼的中學生，他因為很喜歡在高樓層的建築物內爬到隔壁家的陽台上而來接受心理輔導。由於他不會感到恐懼，所以即使做出很危險的事也感到無所謂。因為對速度也毫無恐懼感，所以總是做出飆車等危險行為。家人因為擔心孩子的未來，還曾想過是不是要讓他從事高處工作，但被對方以「不知道危險的話不能讓他工作」為由拒絕了。也因為對考試不會感到焦慮，所以也不會為考試做準備。他目前在注重安全的職場內工作，目標是能夠正常地參與社會。

「責罵」不只是一瞬間的事

無法感受到「說謊」這種惡意的人們

有些孩童或成年人，在別人拜託他們的時候說不出「不要」這種拒絕的話。這聽起來可能很誇張，但他們如果在車站遇到有人跟他們說「借我錢」的時候，是會無法拒絕直接借出去的。這種所謂的「借錢詐騙」的犯罪行為，據說受害者在之後也有可能被盯上，並且有可能再次被騙。

這些容易上當受騙的人，往往會發現其中有發展障礙或智能障礙的情形。如果去問他們，會發現他們完全相信對方所說的「自己缺錢」那種話，並不會察覺到對方的惡意。因為他們察覺不到「說謊」這種帶有惡意的事，所以才會再次被騙。

有些人在小時候應該有被罵過「不能說謊」吧！有人就會把這件事牢牢刻在腦海裡，然後這些不知道惡意的人，就會無法理解「人是會說謊的」這種事。於是，不管別人跟他們說什麼他們都會相信，而且本人也完全不會懷疑「自己說不定被騙了」。就這樣即使被騙，也因為他們覺得是真的，所以不會告訴別人，於是大家都不知道有發生過當事人受騙這種事。順便告訴大家，這些受騙的事之所以會被發現，幾乎都是因為受害者身邊的人覺得怪怪的，然後才發現到錢被騙走了。

為對方著想的「責罵」

如果不覺得自己被騙的話，本人還可能會覺得自己做了好事，因為他們覺得自己幫助了有困難的人。此時，如果周圍的人針對發生的受騙事件單方面地責罵或是激烈地警告的話，受害者反而可能覺得罵他的人才是壞人。這種情況如果多發生幾次，受害者就會深信罵他的人其實是壞人所以才會想要阻止他。重複犯罪的受害者，其心理的構造就是如此。

面對重複被害者，我們很容易去嚴厲地斥責對方，然而，這樣一來不但可能產生誤會，而且還可能造成信賴關係的破裂。

不要瞬間就結束，而是要好好地進行對話

這一點對孩童來說其實也是一樣的。如果不把孩子受騙的事情問清楚就馬上定罪並給予處罰，孩子可能會深信凶他的人是壞人。家長原本因為孩子被騙還做了壞事，所以嚴加管教想要讓他知道錯了，結果孩子轉頭就忘了。反而是如果孩子覺得自己做的是「正義」的事，就只會覺得自己莫名其妙地被罵、被處罰了。這種誤會累積下來，就會在親子之間形成彼此互不理解的關係。

幼年時期親子之間關於「誰才是正義的」這種爭論，可能會對以後的關係帶來很大的摩擦。所以耐心聽孩子說話，把話說清楚不要讓對方誤會，是親子之間最重要的一件事。

第3章

創傷體驗造成心理長期持續的痛苦

創傷後壓力症候群（PTSD）

生命的危險在內心留下傷痕

一旦經歷過危及性命的事件，例如大地震或洪水等大型自然災害、火災、交通意外、傷害或暴力、戰爭，就會留下「心理創傷」。這些事件不一定要發生在自己身上，包括目擊或者是家人、戀人、朋友等身邊的人遇到也可能發生心理創傷。

在經歷這種涉及到生死的創傷體驗時，幾乎每個人都會為焦慮、失眠、緊張、心悸等症狀而煩惱。此外，創傷體驗也可能以情境再現（Flashbacks）或做惡夢的形式再度復甦，這種情況稱為「急性壓力障礙（ASD）」，會在經歷過事件馬上開始，並在經過一個月左右的時間沉靜下來。然而，如果過了一個月之後這些症狀還在持續出現、並且影響到日常生活的話，就會形成「創傷後壓力症候群（**Posttraumatic Stress Disorder, PTSD**）」。

創傷後壓力症候群的症狀，依據《DSM-5》的標準可大致分為四類，為「侵入式症狀（創傷經驗再體驗）」「迴避症狀」「對思考與情緒造成負面影響」「警覺程度及反應上的變化」。

第一種的侵入式症狀，是指經歷創傷時的情緒會無法控制地再度復甦，或是出現情緒不穩、心慌意亂、哭泣等症狀。同時也很容易突然且逼真地回

創傷後壓力症候群的原因與症狀

經歷過危及性命的事件

自然災害　火災　意外　暴力　犯罪

在經歷過大地震、土石流、火災或交通意外等危及性命的恐怖事件後，這些體驗就會在心理造成創傷，而且這些創傷不一定都要親身經歷，即使只是親眼目睹火災或交通意外現場、得知家人、戀人或朋友遭受創傷事件等間接的體驗，都有可能對心理造成創傷。

產生心理創傷（Trauma）

對生命造成危險的恐怖現象稱為「創傷性壓力源」，而經歷這些現象會給心理造成傷害，形成心理創傷。

創傷經驗後經過一個月仍持續出現以下症狀

在歷經創傷經驗後，不論是誰都有可能出現心裡不安、再體驗（情境再現）、情緒或感覺麻木、憂鬱症狀、失眠等症狀。雖然一般情況下會在一個月左右的時間恢復正常，但如果這些症狀在創傷經驗後持續出現一個月以上，或是在過了數個月之後又發作時，就可診斷為創傷後壓力症候群。

侵入式症狀（創傷經驗再體驗）

- 創傷記憶鮮明地出現
- 情境再現
- 反覆做惡夢

迴避症狀

- 逃避可能會引發創傷事件回憶的地點或人事物
- 情緒或感覺麻木

對思考與情緒造成負面影響

- 疏離感、孤獨感、憂鬱症狀
- 一直帶有罪惡感
- 無法感受到幸福感或滿足感

警覺程度及反應上的變化

- 睡不著
- 持續處於緊張狀態
- 對危險過度敏感

想起創傷體驗，彷彿場景再現，或者是反覆做相同的惡夢。

第二種的迴避症狀，是指想要逃避可能會引發創傷事件回憶的地點或人事物的症狀。有些病患則不願去回憶或討論與創傷體驗有關的事情。此外，為了逃避痛苦的記憶，在情緒或感覺上也可能變得麻木。

第三種的對思考與情緒造成負面影響，是指除了會出現憂鬱症狀之外，還會出現「解離性失憶症」回想不起創傷體驗中的重要部分，並可能有過度自責、懷有罪惡感、只感覺得到負面情緒、再也感受不到幸福感或滿足感等症狀。

第四種的警覺程度及反應上的變化，是指睡眠障礙、無法專心、會被突然的聲響等一點小事嚇到、對於危險過度敏感等症狀。

以上這些症狀，都表示創傷後壓力症候群是一種因為創傷經驗的痛苦而導致患者心理狀態很不穩定的疾病。

以心理治療為主要療法

創傷後壓力症候群的治療以心理治療為主。其中的「延長暴露療法（PE）」已證明具有療效。此療法由治療者傾聽患者訴說自己的創傷經驗，並給予肯定與支持，讓患者取回自信與安心。

此外，也可以採取「認知處理治療（Cognitive Processing Therapy, CPT）」「人際取向心理治療（Interpersonal Psychotherapy, IPT）」與「眼動減敏與歷程更新治療（Eye Movement Desensitization and Reprocessing，EMDR）」。每一種治療法都已確認具有療效，因此萬一真的罹患此病時，請不要猶豫直接接受心理治療。

創傷後壓力症候群的種類與支援、治療方法

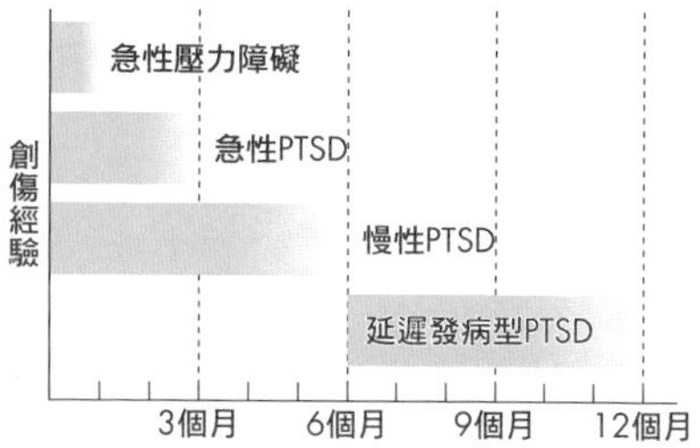

在歷經有生命危險的事件後，任何人都可能罹患的心理疾病

創傷經驗過後馬上發病的情況為急性壓力障礙，持續一個月以上為急性PTSD，持續三個月以上則為慢性PTSD。此外在創傷經驗後經過六個月以上突然發病則屬於延遲發病型PTSD。

創傷後壓力症候群的代表性心理治療法

延長暴露療法（PE）

讓患者在想像中回溯創傷記憶並說出來，透過傾聽與接受，讓患者重拾自信與安心感的治療法。

認知處理治療（CPT）

讓患者自己整理創傷經驗並找到其中的原因，重新探討責任歸屬與思考方式的治療法。

眼動減敏與歷程更新治療（EMDR）

讓患者在回憶創傷經驗的同時，眼睛跟著眼前的手指以一定速度活動的治療方式。

人際取向心理治療（IPT）

聚焦在患者及其親近的人之間的關係，找出問題所在並加以解決，或是學會因應方式的治療法。

公認心理師的建議

有過面臨死亡經驗的人不論是誰都有可能留下創傷

每個人都可能有創傷，以為自己要死了的想法會成為心理創傷，所以經常發生的天災也會被視為危險。尤其是戰爭，會對孩童的心靈造成極大的影響，更是讓人擔心會導致嚴重的心理創傷。此外，即使不是天災或事故等讓人感到死亡危險的體驗，有時也會造成心理創傷。例如發展障礙的孩童，因為無法表達出自己的想法而被大人嚴厲斥責，或甚至被體罰的時候，也可能造成心理上的後遺症。而面對心理創傷，目前已有多種具有一定效果的心理治療可以採用。

第3章

性別不安（GD）

對自身性別感到不適的症狀

所謂性別不安（Gender Dysphoria，GD），是指個人自覺的性別與出身時生理特徵所決定的性別不一致的一種狀態。這種個人自覺的性別稱為「性別認同」或「心理性別」，而生理特徵所決定的性別則稱為「生物性別」或「生理性別」。

生理性別是根據嬰兒出生時的生理特徵與構造，分為「男性」與「女性」兩類。兩種性別有著明顯的差異，在生物學上的角色也不同。

另一方面，心理性別是指自己所認同的性別，因此與生理特徵所決定的性別不同，是由自己所決定的。雖然大部分的人生理性別與心理性別一致，但也有不一致的人存在，這些人就是性別不安者。根據日本岡山大學的研究，目前日本的性別不安者約占了總人口的百分之零點三至一。

過去這種狀態被稱為「性別認同障礙」，但在朝向多元化社會邁進的過程中，「障礙」這個詞並非合適的用語，所以改為性別不安。

性別不安有兩種模式，生理性別為男性但心理性別為女性的人稱為「MtF（Male to Female，男變女）」，生理性別為女性但心理性別為男性的人稱為「FtM（Female to Male，女變男）」。此外，這些

性別不安的症狀

Female to Male，女變男（FtM）

生物性別為女性

性別認同為男性

兒童的症狀

- 希望自己是男性，或是主張自己是男性
- 以男生的服裝或髮型打扮，並強烈抗拒穿女生的衣服
- 扮家家酒時會選擇父親等男性角色
- 想要有男性朋友
- 強烈喜歡玩男性化的玩具或遊戲，強烈抗拒有女性化的事物
- 對女性生殖器或乳房有厭惡感
- 想要有男性化的性徵

青年、成年人的症狀

- 性別認同與旁人的看待、生理特徵不一致
- 想要從女性化的身體解放出來
- 想要成為男性，想要被當作男性

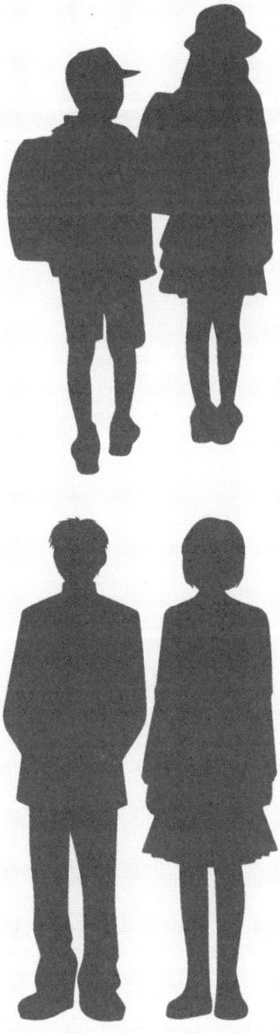

Male to Female 男變女（MtF）

生物性別為男性

性別認同為女性

兒童的症狀

- 希望自己是女性，或是主張自己是女性
- 以女生的服裝或髮型梳妝打扮
- 扮家家酒時會選擇母親等女性角色
- 想要有女性朋友
- 強烈喜歡玩女性化的玩具或遊戲，強烈抗拒有男性化的事物
- 對男性生殖器有厭惡感
- 想要有女性化的性徵

青年、成年人的症狀

- 性別認同與旁人的看待、生理特徵不一致
- 想要從男性化的身體解放出來
- 想要成為女性，想要被當作女性對待

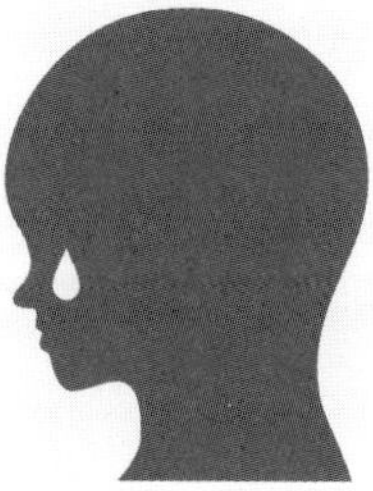

因上述的症狀而感到精神上的痛苦，並且在社會或學校生活面臨各種問題

有性別不安的人們從幼年時期開始，就被要求在服裝、髮型、角色上要符合與心理性別相反的生理性別標準。此外，在一般社會裡也因為會依據生理性別的標準來區分廁所、更衣室、公眾澡堂等場合，因此會感到強烈的痛苦。

人也會被稱為「跨性別者（Transgender）」，也就是近年來多元性別表達概念「LGBTQ+」中的「T」。

心理性別與生理性別不一致所產生的痛苦

性別不安的症狀，是因為心理性別與生理性別不一致而引發的，幼年時期會在服裝、遊戲或交友關係等一切事物主張要與生理性別不同的異性一樣。此外，也可能對自己的生殖器感到嫌惡。

到了青春期之後，由於第二性徵的出現造成生理性別與心理性別的不一致更為惡化，因此會希望從自己的生理性別得到解放。此外，雖然希望周圍的人能以心理性別對待自己，但實際上得到的對待卻是基於生理性別，於是在心理形成很大的壓力。有不少性別不安者對於這種不一致的狀態感到極為痛苦，並因此情緒低落，對任何事都提不起勁，以及出現不安、焦躁等心理問題。

最終可利用性別重置手術來進行治療

性別不安的治療方法，可分為精神科領域與生理治療兩種。精神科領域的治療會透過心理諮商對心理性別的認同與支持，來緩和精神上的痛苦。此外，透過模擬在職場或家庭「出櫃」的場景，或是探討對自己而言什麼才是適合的生活等方式得出具體的意象，來釐清現實生活可能會有的問題點。

生理性治療方面可透過抑制第二性徵或荷爾蒙治療來改變身體外貌，或是選擇包括切除生殖器在內的性別重置手術。

性別不安的治療

精神科領域的治療

■精神上的支持
■探討出櫃
■探討現實生活
■確認精神的穩定

精神科領域的治療主要是針對痛苦提供心理支持，並探討在決定以心理性別作為自己的性別生活下去時，可能會產生哪些影響，協助案主判斷。

生理性治療

■第二性徵抑制療法
■荷爾蒙治療
■性別重置手術
■乳房切除（以女變男為對象）

生理性的治療包括生理性別與心理性別不要相差太過懸殊的第二性徵抑制療法或荷爾蒙治療，或者是能夠讓生理性別與心理性別一致的性別重置手術。

出處：《性別認同障礙相關之診斷與治療指南（修正第四版）》日本精神神經學會、性別認同障礙委員會

容易與性別不安混淆的情況

異性裝扮

穿著異性服裝（男裝或女裝），並能從中得到強烈性興奮的一種戀物癖，與由於性別不安而穿著異性服裝的行為完全不同。

同性愛

性慾對象為與自己性別相同的人，一般把女同性戀者稱為女同志（Lesbian），男同性戀者性稱為男同志（Gay）。此與性別不安為不同的性取向。

公認心理師的建議

性別不安雖然未必能說是一種疾病，但請了解當事人本身會有極大的痛苦

性別不安的原因來自於自己的生理特徵與性別意識背離，但這並不表示性別不安者處於疾病狀態。不過，性別不安者因為自身所處的環境與自我的性別認同不同而感到痛苦也是千真萬確的事實，例如學校的制服、廁所、浴室等因為性別而有所限制的事物，對當事人來說是很大的問題。不過，由於多元性別的觀念愈來愈受到認同，過去分為男性專用及女性專用的廁所，現在也有愈來愈多的場所設置了不分性別的「性別友善廁所」。像這樣性別界線消失的變化，未來應該也會發生在更多的場景吧。

第3章

還有許許多多的心理疾病！

其他症狀或障礙

心因性的身體疼痛

「身體症狀疾患（Somatic Symptom Disorders, SSD）」（註：即「自律神經失調」）是一種儘管身體沒有生病，但因為心理因素而長時間持續出現疼痛、噁心、麻痺等身體症狀的疾病。症狀可能發生在身體的各個部位，有時也會有全身無力或類似抽搐發作的症狀出現。

由於並非是身體方面的疾病，所以精神科醫師會採用「認知行為治療」來改善認知上的錯誤，這是目前最有效的治療方法。

類似的症狀中，還有深信自己罹患重病，或者是懷疑自己可能罹患重病而焦慮不安的「慮病症／疾病焦慮障礙（Illness Anxiety Disorder, IAD）」、訴說自己手腳麻痺或喪失觸覺、視覺、聽覺的「轉化症（Conversion Disorder, CD）」，這些構成了「身體症狀及相關障礙症」。

過度減重也可能造成心理疾病

持續出現與飲食相關的異常行為，對體型或體重有異常偏執認知的症狀，稱為「飲食障礙症」。

飲食障礙症有好幾種，一般稱為「厭食症」的「神經性厭食症（Anorexia Nervosa, AN）」，是患者即使體重已在正常標準值以下，仍對體重增

身體症狀及相關障礙症

因心理因素造成各種慢性的身體症狀出現

- 疼痛
- 噁心
- 麻痺
- 無力感
- 疲勞 等

雖然身體出現具體的疼痛但卻找不到病因時，就有可能是身體症狀疾患。若是一直找不到病因但症狀卻持續出現的話，最好找精神科或身心科看診而非內科。

身體症狀疾患（SSD）

- 原因不明的身體疼痛或腸胃症狀等各種身體症狀持續出現。

慮病症（IAD）

- 覺得自己罹患重病，或是懷疑自己可能罹患重病而感到極度焦慮。

轉化症（CD）

- 訴說自己手腳麻痺
- 訴說自己喪失觸覺、視覺或聽覺

飲食障礙症

因無法控制飲食而對身、心兩方面造成影響

- 限制進食量
- 暴飲暴食
- 催吐
- 吃瀉藥

神經性厭食症大多發生在年輕女性，幾乎都是因為過度減重或是對體重增加感到恐懼所引起。神經性暴食症則通常是因為壓力，也常見於年輕女性。

神經性厭食症（AN）

- 雖然體重已在正常標準值以下，仍會限制熱量的攝取以避免體重增加，對體重增加抱有恐懼感

神經性暴食症（BN）

- 習慣性的暴飲暴食，但又會透過催吐或吃瀉藥的方式來進行不適宜的減重。
- 體型或體重對自我評價有很大的影響

暴食症（BED）

- 習慣性的暴飲暴食

加抱有強烈的恐懼感，於是限制自己的飲食量或熱量攝取。

相反地，「神經性暴食症（Bulimia Nervosa, BN）」則是儘管已習慣暴飲暴食，卻又因為在意自己的體型或體重，試圖用催吐或吃瀉藥等方式來進行減重。若是沒有伴隨異常減重，單純只是暴飲暴食的症狀，則稱為「暴食症（Binge Eating Disorder, BED）」。

很多人都為之煩惱的睡眠障礙

「難以入睡」「半夜一直醒來」等與睡眠相關的各種問題，統稱為「睡眠／清醒障礙（Sleep/Wake Disorders, SWD）」。

在無法順利入睡的「失眠症」中，包括了極端難以入睡造成身心感到不適的「入睡困難」、半夜一直醒來的「睡眠中斷」、一大早就醒來的「清晨早醒」、因為睡眠很淺所以雖然有睡著但都沒有熟睡感覺的「無法熟睡」等型態，從三十歲左右開始，便會隨著年齡逐漸增加失眠的情況，到了中老年後更是急遽增加。此外，在白天突然很想睡覺的「嗜睡症」中，有一種「猝睡症（**Narcolepsy**）」的睡意會更加強烈，會在清醒狀態下突然肌肉無力，在部分情況下甚至會導致意外發生或受傷。

起因於環境變化造成的壓力

「適應障礙（Adjustment Disorder, AD）」是在就學、就業、結婚等生活環境發生改變時，由於無法順利適應新環境的壓力造成心情抑鬱、強烈焦慮、情緒不穩定等心理症狀，或是暴飲暴食、飲酒過量等行為異常，以及心悸、呼吸困難、胸悶等生理症狀出現的疾病。

治療方面會讓患者在自家休養或是改善職場等環境讓心靈得到喘息，同時也可進行心理諮商或認知行為治療等有效的治療方式。

睡眠／清醒障礙（SWD）

心理因素造成睡眠品質與睡眠量出現問題

- 睡不著（入睡困難）
- 半夜一直醒來（睡眠中斷）
- 一大早就醒來（清晨早醒）
- 沒有熟睡感覺（無法熟睡）
- 白天突然有強烈睡意（嗜睡症）
- 突然肌肉無力（猝睡症）
- 半睡半醒的行為（異睡症） 等

「失眠症」（入睡困難、睡眠中斷、清晨早醒、無法熟睡）可能是情緒障礙、焦慮症等精神疾患的部分症狀，也可能是在就寢前攝取了咖啡因、運動或興奮所造成。另外，還有一種也被稱為「瞌睡病」的猝睡症，是「嗜睡症」的一種，會在白天突然被強烈的睡意襲擊，重複出現發作式的打瞌睡，還會出現突然肌肉無力的「猝倒」症狀。

適應障礙（AD）

壓力造成各種精神上與身體上的症狀出現

- 抑鬱
- 失眠
- 焦慮感變得強烈
- 情緒變得不穩定
- 飲酒過量、暴飲暴食
- 心悸、呼吸困難、胸悶 等

適應障礙是因為某種理由對所處環境或狀況無法「適應」，導致出現抑鬱、焦慮、情緒不穩定等心理症狀，或是心悸、呼吸困難、胸悶等身體方面的症狀出現。一般認為原因出自於環境變化造成的壓力，例如新學校或新職場的人際關係、結婚或離婚造成的家庭環境變化等。一旦惡化可能會發展成拒絕上學或拒絕上班，影響到社會生活。

公認心理師的建議

時代的變化過於快速，也讓愈來愈多的人在心理方面無法適應

人類的心靈與身體，雖然就像一體同心一般，但卻未必完全一致。像是「身體症狀疾患」，心理問題會以身體不舒服的方式表現出來，而「飲食障礙」，則是對自己身體的認知發生扭曲，所以採取了對身體造成負擔的行為。另外，現代的環境變化非常快速，所以也有愈來愈多的人感覺自己適應不良。例如「適應障礙」中心理症狀、行為異常以及身體症狀的發生，就表示「自己無法適應目前所處的環境」。這種適應上的難度，隨著社會的快速變化今後可能會更為增加，所以誰都不能保證自己不會發生心理上的問題或疾病。

關於「交朋友」這件事

我想要有朋友

有些孩子到了中學之後，才開始想著「我想要有朋友」，而且還會非常熱衷。對著周圍的孩子一次又一次地喊著「來玩嘛」，或是想要相約一起出去玩但總是被拒絕。即使中間有人答應，也往往會被放鴿子。這種情況重複多次之後還不放棄「交朋友」的孩子，就會因為不斷糾纏而被周圍的人討厭，換句話說，看起來就像是「主動但怪異」的類型（註：自閉症類群障礙中的一種類型）。

聽到這些孩童或青年的情況，我不禁覺得他們很可憐，因為想要交朋友，是一個再普通不過的願望。

無法融入團體的人

孩子的社會性發展，會從「獨自玩遊戲」的時期開始，經過「兩、三個人組成的小團體」，發展成四、五歲時的「十幾、二十個人」的團體遊戲。

他們透過分享遊戲形成團體，而只要是團體遊戲，就必須遵守遊戲規則，每個成員都有各自應該完成的任務。

而團體也有保護成員的作用，因為如果團體不把破壞和諧的人趕出去，團體就有可能瓦解。所以如果有孩子抱怨說「大家都不聽我說話」或是「大家都討厭我」的話，這個孩子很可能沒有辦法在團體內找到歸屬感。

被孤立、被排擠是一個很嚴重的問題，假設有一個人被三十人班級孤立的話，那就形成了一個人對抗二十九人的景況。有些不想去上學的中學生之所以會覺得學校很可怕，就是因為一旦被孤立的話，周圍的人就會把他當作敵人。

與朋友之間的談話與主題

到了中學時期，與朋友的對話也會變得比較成熟，像是誰喜歡誰、誰討厭誰的戀愛話題、前途或未來的夢想、或者是自己的煩惱等。然而，有些孩子對這些「大人的話題」沒興趣也毫不關心，而只會不斷地講著自己喜歡的事，例如電車或是動畫等話題，即使周圍的人走了他們也不會察覺到。

那麼「想要交朋友」的願望要怎麼做才能實現呢？既然我一直想不出方法，所以我就去問了兩個中學生和高中生。這兩位都加入了體育性的社團，然後在那裡找到了聊天的對象。其中的那位高中生還會跟社團的夥伴一起去唱卡啦ＯＫ。因為社團活動有目標，也就有了可以討論的共同話題。

在啦啦隊生出的同伴意識

有一位二十歲的年輕人，他從十八歲的時候加入了當地足球隊的啦啦隊，每次比賽都和一大堆人一起為足球隊加油，也透過這個活動產生了「同伴意識」。也有年輕人可以在參加同人誌展售會的時候忘掉自己的孤獨。所以筆者認為，朋友並非僅來自於對話，也可以從各式各樣的關係中產生。

結語

心理疾病也有隨著時代變化的一面

關於臨床心理學，最希望大家知道的，就是不論是病名、症狀、治療方法，目前所說的都不是絕對的。這些知識一直都是隨著時代變化而來的，未來也一定會發生改變，屆時可能會出現過去沒有的疾病或症狀，有些疾病也可能會消失。舉例來說，對於自己的性別感到不舒服這種情形是否屬於疾病，在過去並沒有定論，但如今卻有人覺得這是一種名為「性別不安」的疾病。那麼，如果有人問說「這真的是一種疾病嗎？」我們也只能回答：「以現在的標準來說是疾病沒錯」。

臨床心理學的對象是人類的心理，而這受到國家、文化、生長環境等因素的影響。在平日的生活裡，心理問題的背後也可能包括了家人的因素，或者是經濟上的困難。理所當然地，我們的心理更是會受到來自於社會狀況的影響。想要了解一個人在活著的期間裡生命的實際型態，就必須從各個方面去進行觀察。

在進行心理諮商時，我們必須要有廣闊的視角，而且一定要從各個不同的角度去理解對方的現狀。此外，就算是理解了人的狀況，環境也會發生變化，有時候也會把原本理解的事情整個推翻掉。

舉例來說，我們來想像一下案主是外國人的情況。外國人，尤其是歐美國家的人，他們在人與人之間的溝通方式跟日本不一樣，不會有「揣測」或「大概明白了」這種曖昧的表現，而是會在彼此接受之前讓不同的意見互相碰撞。就像日本的文化可以把完全不一樣的神明與佛教合而為一一樣，日本可以接受那種模糊地帶，但在單一信仰唯一真神的歐美國家文化裡，他們對於人際關係的想法，有著與日本完全不同的部分。從這個意義上來看，日本人所具有的特質或特徵，與以外國人為基礎研究出來的標準，想必一定會有不符合的部分。

實際上，目前以臨床心理學為基礎的公認心理師相關知識裡，也有找不到適當處置方式的時候，當然也會出現無法得到案主的理解或同意的場面。在這種時候，就必須重新檢視自己的知識和想法。很多時候就是這種重新檢視，反而能對人有更深入的理解，或帶來新的發現。

在臨床上，我們心理師也一定要仔細考慮到人們受到居住環境影響而可能會有的感覺與文化，並不能只是單純地告訴對方「因為手冊上是這樣寫的」或是「這才是正確的治療方法」。也就是說，雖然目前已經建立了臨床心理學這門學問，但在某種對立概念上，其實每個國家都應該要有其各自的臨床心理學。從現在起，日本也應該要建立起真正能適用於日本國內的臨床心理學才對，我很期待這一件事能在年輕一輩的世代裡完成。

雖然日本在二〇一七年已設立「公認心理師」這項資格，但與眾所期待的景況相比，似乎還差得很遠。公認心理師在不斷累積實踐經驗的同時，也必須努力讓自己成為一個能發揮功能的專家。

人心一定會發生變化！

在了解心理疾病之前，希望大家一定要知道，人的心理是會發生變化的。而只要會發生變化，那麼所需求的事物也一定會發生變化。由於這些事物有時會束縛住對方，所以「人類心理就是如此」這種定見是非常危險的，萬萬不可拘泥於固有的觀念。身為公認心理師，我們的工作並非把現今已有的事物直接延續下去，而是應該隨時思考有哪些事情正在發生變化，與教科書的內容又有什麼不同。人心一定會發生變化，因為這就是人類的本質，所以公認心理師對此也必須要有敏感度，若是在這方面太過遲鈍的話，我想可能就無法順利地執行公認心理師的業務了。

原本，我們的心靈是隨時都在活動的，所以可以彈性因應各種不同的狀況或環境。如同液體一般晃動且變化的心靈是健康的，而一旦心靈像是固體一樣堅硬固定的話，就會形成心理疾病。而我在實際與患者接觸時，也常常會有患者的心靈就像混凝土一樣的感覺。他們怎麼樣也察覺不到自己的問題，而且也很難找到去察覺的機會。為了告訴他們這種情形，我會仔細地傾聽對方說的話，然後對他們說「基本上您是這樣想的對嗎？」「聽了您的話後我是這樣想的」。這些話不是像測驗一樣去評斷患者說的話是對是錯，而是希望患者們能意識到自己在「別人的眼中是什麼樣子」。而如果真的有機會讓患者注意到的話，那麼大部分的情況下，他們都能自然地察覺到自己的心理狀態，接下來也就能開始下一步了。

重要的是要理解對方

如果想要成為公認心理師的話，有一件事希望大家能夠事先知道，那就是「必須要有想要去理解對方的念頭」。「怎麼樣才能理解患者呢？」這件事，對公認心理師是非常重要的。對有心理問題的人來說，他們非常需要有人能傾聽他們說的話，因此，我們公認心理師就必須成為那個傾聽他們說話的人，而且也只有去關懷對方、傾聽對方的話，我們才會有機會去理解對方。當然，我不會說一定要去「完全理解別人」，我也不認為這種事有可能辦得到，但從心態上來看，我們還是應該要盡力去達到這個目標。我們的工作，就是隨時都要為了理解別人而努力，而且我們也必須隨時思考，面對不一樣的人，要用什麼方式才能理解對方。

由於自己無法正確判斷自己的內心，所以跟周圍的人說話十分重要，知道「別人是怎麼看待自己的？」是判斷自己內心的線索之一。有的人希望能夠商量的對象愈多愈好，有的人則是覺得有一個人就很夠了，每個人的需求都不一樣，不過，至少一定要有一個能夠商量事情的對象。美國人覺得，「朋友中最好有一個人是律師」或「最好有一個是諮商師」，先不說這種想法是好是壞，但我認為至少要有一個值得信賴、可以好好商量事情的人，才是比較理想的狀態。

當您的家人或是朋友想要找您談心時，作為被選中的人，我希望您能認真地聽聽對方怎麼說。不過，有一點希望大家不要誤會，對於對方找您商量的事，並非一定要給出答案，因為一旦有這種想法的話反而會無法順利進行下去。雖然從小我們總是被教育說「別人跟你說話的時候要好好回答」，但我們並不需要立刻就給出答案，而是要確實傾聽對方的話並加以理解，並且讓話題能夠繼續深入下去，我們才能用更多的時間慢慢思考出答案。

最後，本書介紹了作為公認心理師的各個觀點，如果有人對公認心理師有興趣的話，從這本書應該可以學到一些基本的知識，衷心希望大家能夠一起努力，成為一個優秀的公認心理師。

公認心理師暨語言聽力治療師　**湯汲英史**

【參考文獻】
『知的障害・発達障害のある人への合理的配慮』（編集 坂爪一幸、湯汲英史・かもがわ出版）／『チャイルドヘルス 2022年9月号「特集 発達障害につづく二次障害　子どもの"困った"をやわらげる」』（編集 湯汲英史・診断と治療社）／『発達障害いきいきサポート 子どもから大人まで、支援のために知ってほしいこと』（著者 石﨑朝世、洲鎌倫子、作田亮一・冨山房インターナショナル）／『公認心理師のための臨床心理学』（編者 大野博之、奇恵英、斎藤富由起、守谷賢二・福村出版）／『DSM-5 精神疾患の分類と診断の手引』（著者 American Psychiatric Association、日本語版用語監修 日本精神神経学会、監訳 高橋三郎、大野裕、訳 染矢俊幸、神庭重信、尾崎紀夫、三村將 村井俊哉・医学書院）／『臨床心理学』（著者 丹野義彦、石垣琢麿、毛利伊吹、佐々木淳、杉山明子・有斐閣）／『精神症状の診かた・聴きかたーはじめてまなぶ精神病理学』（著者 日本精神病理学会書籍刊行委員会 編者 清水光恵、芝伸太郎、熊﨑努、松本卓也・金剛出版）／『精神症状の把握と理解 精神医学の知と技』（著者 原田憲一・中山書店）／『これだけは知っておきたい双極性障害 躁・うつに早めに気づき再発を防ぐ！　第2版』（監修 加藤忠史・翔泳社）／『家庭の医学 電子分冊版 （5）心の病気』（編集 主婦の友社・主婦の友社）／『完全カラー図解 よくわかる臨床心理学』（監修 岩壁茂・ナツメ社）／『臨床心理学入門』（著者 スーザン・レウェリン、ケイティ・アフェス-ヴァン・ドーン、翻訳・編集 下山晴彦・東京大学出版会）／『面白いほどよくわかる！　臨床心理学』（著者 下山晴彦、西東社）／『イラスト図解 発達障害の子どもの心と行動がわかる本』（監修 田中康夫・西東社）／『Newton別冊 精神科医が語る 発達障害のすべて』（ニュートンプレス）／『ケアマネ・福祉職のための精神疾患ガイド』（著者 山根俊恵・中央法規出版）／『マンガでわかる発達障害 特性＆個性発見ガイド』（著者 福西勇夫、福西朱美・法研）／『家族・支援者のための発達障害サポートマニュアル』（著者 古荘純一・河出書房新社）／『発達障害に関わる人が知っておきたい「相談援助」のコツがわかる本』（著者 浜内彩乃・ソシム）／『統合失調症のみかた，治療のすすめかた』（著者 松崎朝樹・中外医学社）／『パニック障害 薬で治せる脳の病気』（著者 平木英人・保健同人社）
※同時也參考了許多其他書籍和網站。

國家圖書館出版品預行編目資料

圖解 臨床心理學：從幼童到大人，所有的「心理問題」，都由專家來為您完整解說！/ 湯汲英史監修 ; 高慧芳譯. -- 初版. -- 臺中市 : 晨星出版有限公司, 2024.06
面；公分 . —（知的！；228）
譯自：眠れなくなるほど面白い図解臨床心理学
ISBN 978-626-320-837-7（平裝）
1.CST: 臨床心理學

178　　113005180

知的！228

圖解 臨床心理學：從幼童到大人，所有的「心理問題」，都由專家來為您完整解說！

眠れなくなるほど面白い 図解 臨床心理学

監修者 湯汲英史
內文圖版 寒水久美子
譯者 高慧芳
編輯 吳雨書
封面設計 ivy_design
美術設計 曾麗香

創辦人 陳銘民
發行所 晨星出版有限公司
407台中市西屯區工業30路1號1樓
TEL：（04）23595820　FAX：（04）23550581
http://star.morningstar.com.tw
行政院新聞局局版台業字第2500號
法律顧問 陳思成律師
初版 西元2024年06月15日　初版1刷

讀者服務專線 TEL：（02）23672044 /（04）23595819#212
讀者傳真專線 FAX：（02）23635741 /（04）23595493
讀者專用信箱 service @morningstar.com.tw
網路書店 http://www.morningstar.com.tw
郵政劃撥 15060393（知己圖書股份有限公司）

印刷 上好印刷股份有限公司

定價350元

ISBN 978-626-320-837-7